「一緒に働きたい」と言われる人の仕事術

aya

自由国民社

はじめに

本書を手に取ってくださり、ありがとうございます。

私は一般企業で働く、平凡な営業系ＯＬです。

Instagramで仕事術の投稿を始めたのは２０１９年11月。

それからもう1年以上が経ちますが、累計25万人以上の方にフォローしていただくことができました。

Instagramとは、綺麗な画像を投稿するSNS（ソーシャル・ネットワーキング・サービス）なのですが、私は画像に文字を入れて仕事術を投稿してみたのです。

ビジネス書には載っていない実際に役に立った社会人のいろはを投稿した途端に反響が大きく、ついにはこのように仕事に関する書籍を出版するに至りました。

同じように働く方と近い距離で交流ができるInstagramでは、コメントやメッセージを読むのが私の毎日の日課になっています。

定時後の帰りのバスの中で息抜きにInstagramを開くと、1日に10件以上の質問や悩み、相談がよせられているんです。


「こんな風に仕事で失敗してしまいました、同じ経験はありますか？　どのように気持ちを切り替えていますか？」

「この名刺入れ、会社で使っても問題ない色でしょうか？」

「営業って、ジャケットを最低何枚持っていればいいですか？」


このように、仕事に関する相談をたくさんいただきます。


そして、これらの相談から分かることが一つありました。

皆さんが知りたいことは、「**ビジネス書や雑誌には載っていない、会社でのアレコレ**」に関するものなんだ、と。

お辞儀の角度やビジネスメールのテンプレートについては、すでにあらゆるマナー本が流通していますし、綺麗なモデルの方が着回す通勤コーデも毎月たくさんの雑誌に載っています。

でも、毎日働く私たちが知りたいのはそういうものばかりではないんです。

一言で言うと、会社の3つ上のデキる先輩に聞きたいような、ほんの小さなこと。

私が会社で実践するのは、**〝好印象を与える小さな仕事術〟**。

例えば、左利きのお客さまにホチキスの位置を左右逆にして資料を渡したら喜ばれたとか、仕事を依頼するときは所要時間を記載して、自分の例を一緒に送付すると丁寧だとか。

〝できなくても問題はないけれど、できたら絶対に仕事で好印象を残せる〟仕事術。そんなニッチな分野で、この本を書き上げました。

試行錯誤しながら必死で仕事をしていると、理不尽なことも多く、褒められることばかりではありません。

でも、もがいてやってみて、そんな中で褒められたことや手応えを感じたことが少なからずあります。

まるで隣の席の後輩に「こうするともっと良くなるよ」と教えるように、本書で分かりやすくノウハウをまとめてみました。

名の知れたマナー講師でも、人材育成のプロでもない、一般企業で毎日働く社会人5年目の、私だから書けるこの1冊。

明日から会社で実践できる、簡単なものを選んでまとめています。

毎日同じように働くなら、軽やかに楽しんで働きたいですし、できるなら褒められたい。

私が現場で学んだ仕事術は、私一人のものだけにしておく必要はないんです。

「こんな仕事のやり方あるんだ」

「これ、確かに丁寧でいいな」

と、感じていただけるととても嬉しいです。

手に取ってくださった方にとって、どうか学びの1冊になりますように。

目次

2章 第一印象は一度しかつくれない！取引先での印象アップ 71

素敵な第一印象の作り方を知っている人は、ふとまた会いたくなる人になれる。

3章 明日からできる！好印象を残す仕事術！ 103

一日3分の仕事時間の短縮が、数年後自分を大きく成長させていることに気づくはず。

1章

簡単にできる!
オフィスでの印象アップ

「一日一好印象」で、
私も明日から「感じのいい人」の仲間入り。

01

大人可愛いオフィスカジュアル

雑誌みたいにおしゃれすぎるのは、なかなか目指せない……。
でも、少しの工夫で大人可愛いコーディネートをつくることができてしまうんです。

ジャケット、何着持つ？

フォーマルな雰囲気のネイビーや黒のシンプルなものは必須。
少し慣れてきたら柄物ジャケットを買ってみて。
内勤の日も多いなら、シンプルなものは2着、柄ものは1着持っていれば十分。

トップスで差をつける

シャツやVネックニットは人とかぶりがち。

差をつけるなら、断然ウエストマークのトップスです。
細見えもするので露出の増える夏にも欠かせません。

時計はとびきり自分らしいものを

お仕事中は、誰もが自然と手元に目が行きがち……。
ただ、派手なデザインや色は避けるのが無難。

綺麗に魅せるヒールを選んで

ヒールは5～7㎝のものがおすすめです。
毎日履き続けるのはしんどいので、ペタンコの靴もロッカーに忍ばせて。

バンダナ柄小物は必須アイテム

小花柄やチェック柄は少し子供っぽく見えてしまいます。
バンダナ柄の小物は一つ持っていると大人っぽくなるおすすめアイテムです。

aya × オフィスアイテム

#トップス

ウエストマークのトップスで
細見えに

#ジャケット

シンプルなものと柄物の
複数持ちがおすすめ

#バンダナ

大人可愛いを目指すなら
バンダナ柄がおすすめ

#時計

派手過ぎなければ
自分らしいものでOK

大人可愛い通勤コーデの作り方

私の平日5日間、オフィスコーデ

オフィスカジュアルって何が正解？　入社したばかりの頃はほとんどスーツでした。今は好きな服を着て、オフィスカジュアルを目一杯楽しんでいます。

平日5日のお手本コーデを、ご紹介します。

月曜日、汎用性があるスーツ風コーデ

新入社員の頃はネイビーや黒のスーツがメインでした。フォーマルなシルエットはそのままに、少しだけ色を変えておしゃれを楽しんでいます。ベージュとネイビーの組み合わせは、プレゼンや商談にうってつけのコンビネーション。

火曜日、シックなブラウンコーデ

色でコーディネートテーマを決めるのも、会社に行きたくなる一つの工夫。同系色で揃えて通勤すると、なんだか一歩上級者になった気分。ブラウンアイテム

は着回し力抜群なので、とてもおすすめです。

水曜日、柄物は上手に取り入れる

柄物は子供っぽくならないものを選んでいます。大きな花柄や千鳥柄は大人女子にぴったりの柄です。コーディネートの主役になるので、春は花柄・冬は千鳥柄……と使い分けています。

木曜日、コートは色とシルエットで選ぶ

コーディネートの一番外側にあたるコートは、とにかく形重視。しわになりにくい素材であることも選ぶ一つの条件です。Aラインのコートはどの角度から見ても可憐な女性に見せてくれるのでお気に入り。

金曜日、ゆるい在宅服

在宅勤務の日でも必ず着替えるように心がけています。かっちりした服を着る必要はないんです。ゆったりと座って仕事がしやすい服を着ています。スニーカーを履けばそのまま休日お出かけコーデに早変わり。

aya × 会社で差がつく通勤コーデ

Mon. スーツ風コーデ

カチッと感がありながらも、
おしゃれを楽しみたい

Wed. 柄物取り入れコーデ

大人上品な柄は
会社で差がつきます

Tue. 淡色コーデ

淡い色合わせは
おしゃれ上級者に

Fri. 在宅ゆるっとコーデ

ゆったりとした服を。在宅の日にも
必ず着替えると引き締まります

Thu. コートが主役コーデ

360°シルエットが可愛いコートは、
ヘビロテしています

お休みコーデ

ロングスカートやジーンズに
綺麗めなシャツを合わせることが多いです

02

毎日のお供、通勤バッグ

書類が入るサイズで、使いやすいバッグはいろんな形のものを複数持っておくのがおすすめです。

王道のトートバッグから、両手が使えるシンプルリュックまで日によって使い分けています。

ナイロントートバッグ

安くて軽くてガシガシ使えるトートバッグはブラックを選びました。

何より汚れが目立たないので多用しています。

FURLAのトートバッグ

くすみグレーがお気に入りのトートバッグ。

ロゴのワンポイントがあっておしゃれなんです。A4サイズの書類ももちろん、楽々入ります。

無印良品のリュック

自転車通勤の日はもっぱらこれです。外出時はトートバッグに入れ替えるか、ラフに見えないように服装はフォーマルにしてバランスをとっています。

＼ナイロントートバック／

＼FURLAトートバック／

＼無印良品のリュック／

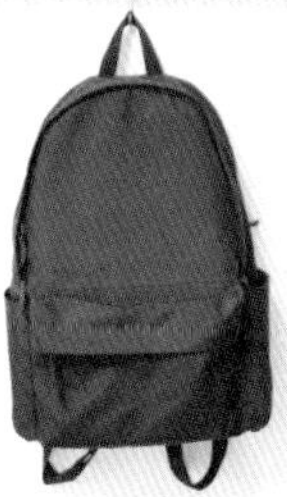

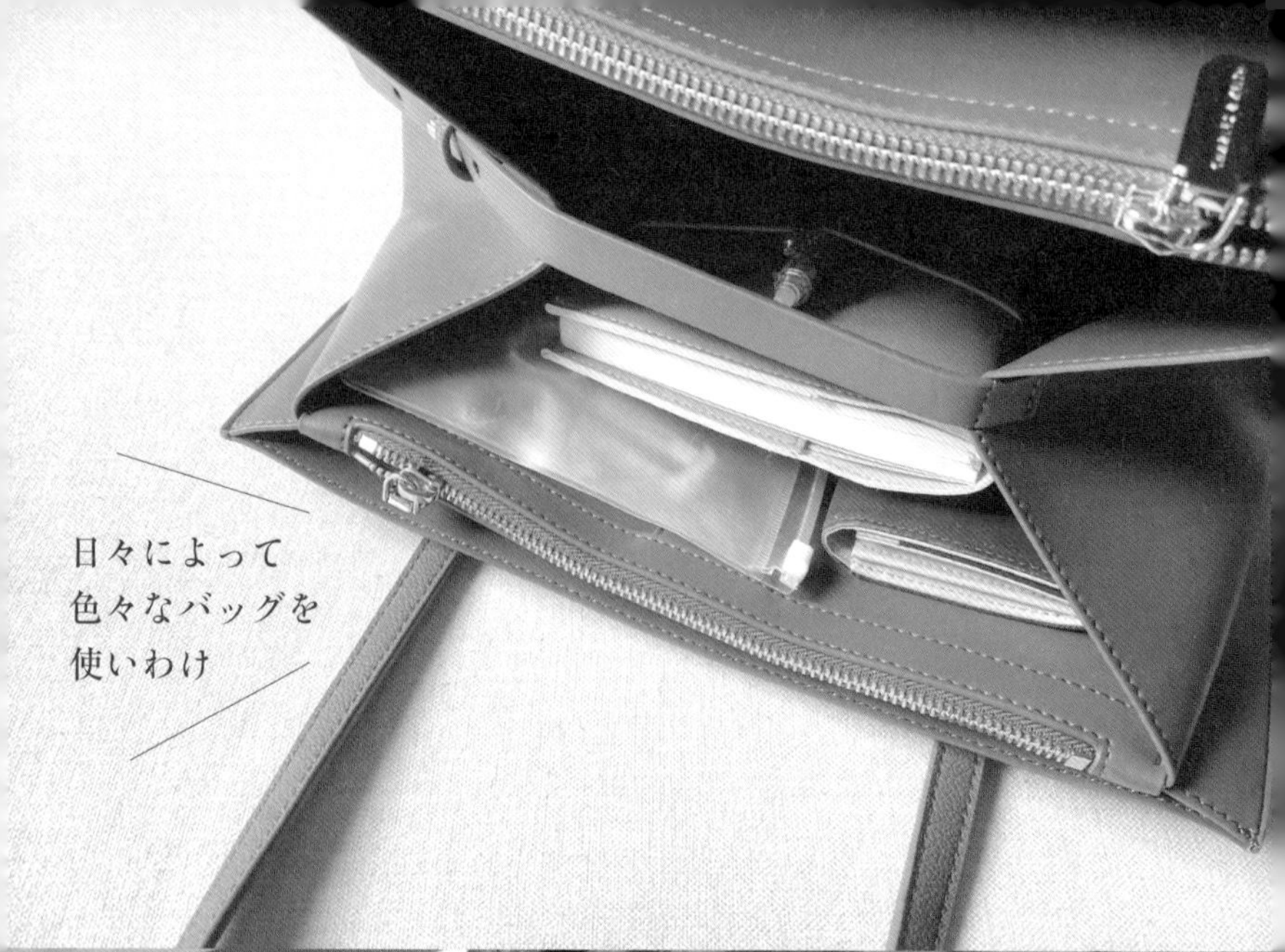

日々によって
色々なバッグを
使いわけ

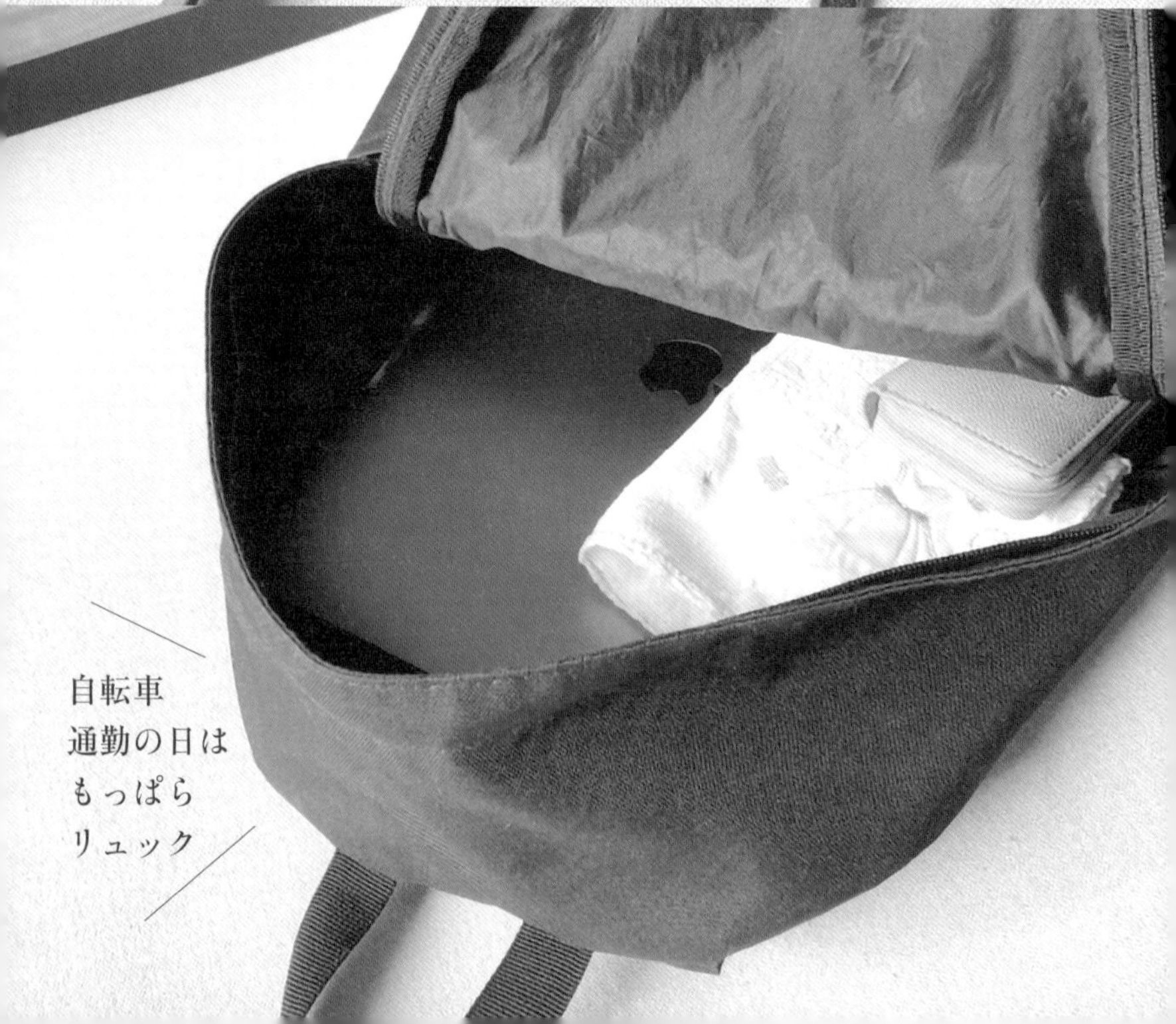

自転車
通勤の日は
もっぱら
リュック

一軍として揃えたかばんの中身

主に外出のある日のかばんの中身です。

営業職ならではの持ち物もいくつか……。

必需品の手帳・ノート

オフィス、商談では欠かせない手帳とノートは、メモがたくさんできる、グリッドメモ範囲が大きい仕様のものを選びます。

財布やポーチは気分の上がるデザイン

財布は金運UP効果を狙って黄色にしました（笑）。

小物を入れるがま口ポーチはナチュラルなデザインがお気に入り。充電ケーブルやばんそうこうを入れています。

リップや予備のストッキングなども入れています。

オフィスで快適に過ごすためのグッズ

毎日お茶を買うと大きな出費になるので、タンブラーを持参しています。出勤前に好きなフレーバーの紅茶を入れて、出かけます。

営業職ならではの持ち物

商談メモを書き込めるように、しおり付きの手帳が必須。移動が多い場合は、モバイルバッテリーや日傘も持ち歩きます。

aya × お仕事アイテム

オフィスでは
タンブラーで節約
MAISON DE REEFUR
LES PETITS BONHEURS
ノートはメモがたくさんできる
大きめサイズがおすすめ
財布
名刺入れ
ALLIE
充電ケーブルや
リップ、ばんそうこう
などの小物を
日傘
必需品の手帳は
しおり付きが
必須！

03

女性ならではの丁寧な気遣い

職場や飲み会、様々なシーンで女性ならではの気遣いが必要です。
少しの工夫でできること、ぜひ明日から意識してみてください。

常に譲る、という意識を

階段は手すりのある側や歩く距離の短い内側を、自然に譲ります。
エレベーターや電車の乗り降りも、「お先にどうぞ」と。
気づけるようでなかなか気づけない心遣いを覚えておきましょう。

座敷なら、脱ぎやすい靴で

飲み会の会場が座敷かもしれませんよね。
周囲に迷惑をかけないように、サッと脱ぎやすい靴を選ぶのがベター。

暑くても素足はＮＧ

どんなに暑くても、ストッキング着用がマナー。

訪問先で裸足ではやはり失礼です。

今は膝下の短いストッキングもあるので、臨機応変に使い分けましょう。

いい香りは、つけすぎ注意

香水や柔軟剤の香りはどんなにいい香りでも、特に近くで働く同僚への配慮が必要です。

近づいたときにふわっと香るくらいに留めて。

オフィスで使うハンドクリームも無香料のものを選ぶようにしています。

04

好印象を残す、差がつく敬語

ビジネスシーンではとっさに敬語を使わなければなりません。
慣れるまでなかなか難しいですが、使いやすいものから少しずつ習得を。

「ご教示」？「ご教授」？

ビジネスでよく使われる言葉の一つに「ご教示ください」という言葉があります。

簡単に言うと、「教えてください」の意味。

ご教示は予定や情報を教えてもらいたいときに使い、ご教授は学問や専門知識を教えてもらいたいときに使います。

「貴社」と「御社」、「弊社」と「当社」の使い分け

貴社は書き言葉、御社は話し言葉の際に使用します。
弊社は主に社外の方へ向けて使用し、当社は社内関係者等に向けて使用します。

資料送付時に使える「ご査収ください」

「内容を確認して、お受け取りください」という意味を持つ言葉です。
メールで資料を送付する際には、一言添えるととても丁寧です。

枕詞は覚えておいて

私がよく使うビジネス上の枕詞を紹介します。

・念のため……
・差し支えなければ……
・おかげさまで……
・大変恐縮ですが……
・せっかくですが……

まわりくどい印象を与えてしまうので使いすぎはよくありませんが、後に続く言葉のクッションとして時には使いましょう。

「様」はやみくもに使わないで

役職に様をつけるのは誤りです。

例えば、「山田部長様」は誤り。正しくは「山田部長」、「営業部長　山田様」です。

「関係者様各位」の「各位」には、敬称の意味を含んでいます。関係者各位と正して。

「お名刺」は相手のものだけ

いくら丁寧に伝えたくても、自分の名刺を「お名刺」とは言いません。

「（自分の）名刺をお渡しします」「（相手の）お名刺をお預かりします」が正しい表現です。

嬉しい気持ちは「光栄です」で表現を

「嬉しいです」では少しライトに思われることがあります。「お褒めにあずかり大変光栄です」と、丁寧な表現を覚えておくと、ワンランク上のビジネス表現に早変わり。

「お取り計らい」

頼み事をする際の敬語です。「お心遣い」の意味ももちます。

例えば、「ご検討の上、お取り計らいくださいますよう、よろしくお願いいたします」と使いましょう。

間違えやすい敬語①「参考になりました」

目上の方に対して、（あなたのおかげで私の考えの）参考になりましたというのは、適切ではありません。

「勉強になりました」を用いるようにしましょう。

間違えやすい敬語②「すいません」

「すいません」は話し言葉がなまったもの。

正しくは「すみません」（動詞：済む＋打消しの「ない」）です。

さらにビジネスの謝罪では「すみません」ではなく「申し訳ございません」を使います。

間違えやすい敬語③「存じ上げております」

知っている対象が人の場合には、「存じ上げております」で良いのですが、人以外が対象の場合は「存じております」が適切です。

「あげる」は謙譲を表す言葉で、相手に対する敬意を払う場合に使用します。

間違えやすい敬語④「よろしくお願い致します」

一見、どこが間違えているの？　と思われるかもしれません。

正しくは、ひらがなの「いたします」なんです。

「致す」と漢字を使う場面は、「する」という動作を表す動詞のとき。

同様な言葉に「ください」「下さい」、「いただきます」「頂きます」があります。

間違えやすい敬語⑤「休みをいただく」

電話で「○○は本日休みをいただいております」と言っていませんか？

自社に対しては敬意を払う必要がありません。「休みを取っております」と表現を変えましょう。

05 一歩リードする「報・連・相」術

忙しい上司への報・連・相、「何が言いたいの？」と困惑させたくないですよね。

少しの準備と工夫で、スマートな報・連・相ができるんです。

ぜひ、明日の朝の報告から実践を。

「エレベータートーク」を心がける

エレベータートークとは、「エレベーターに乗っているわずかな時間で端的に話す」術のことを言います。

上司に時間があったとしても、トークスキルの向上も兼ねて1分～2分程度で話をまとめるようにしましょう。

きっとプレゼンの場や打ち合わせでも役に立ちます。

声掛けの際の配慮は大事

「すみません、○○の件なんですけど……」と話し始めるよりも「○○課長、今3分ほどお時間よろしいでしょうか。＊＊の件、ご報告があります」と配慮があると好印象です。

声掛けのタイミングとしては、打ち合わせ後に席に戻って数秒や、電話を切って数秒は忙しい時間なので避けて。

お昼休みや休憩時間に相談をするのも、基本的にはＮＧです。

コツは結論から話すこと

報・連・相のどれに当たるか、結論とともに話をします。

例えば、「好きな食べ物はなんですか？」という問いに対して、「実は先日とある喫茶店へ行ったんです、うちの近くの。そこでいつもならホットケーキを頼むんですが、卵サンドを頼んでみたんですよね。その時、おいしさに気づきました」というのは回りくどい気がしませんか？

「卵サンドが好きですね。先日行った喫茶店の卵サンドが美味しくて」のように、結論ファーストを心がけて、理由は簡潔に。これは日常会話でも同じです。

想定Q&Aを複数用意しておく

「上司から質問されるかもしれない」と思うことを予想して、回答を準備しておきましょう。問題解決のためにすべて上司に頼っていては成長できません。「自身でしっかり考えて調べた結果、こうだった」という結果まで揃えて、報・連・相を。

休むときは、すべて共有しておくこと

特に数日会社を休む場合には、上司と同僚へ次の3つを共有しておきます。

①今の自分の業務と進捗状況
②休み中の対応（誰かに一部引き継いでいるなど）
③緊急の際の連絡先や電話に出られる状況かどうか

周りへの配慮ももちろん、自分も安心して休むことができますよね。

06

後輩指導は手厚く

年次が上がると後輩指導をする機会が増えます。

自分の業務をしながら指導をするので、より一層指導には気を配る必要があります。

自分が新入社員の頃にされて嬉しかったことを思い出しながら指導する心を忘れないようにしたいものです。

身体を向けて聞く姿勢

話しかけられたら一度作業を止めて必ず身体を後輩の方へ向けましょう。

もしもどうしてもすぐに作業を止められない場合は、数分後にこちらから声をかけることを約束すると、丁寧です。

とっさのメモは社会人の教科書になる

メモを取らなかったことによって再度同じことを聞かなければならないというのはお互いにとって最も避けたいこと。

どんなときもメモを取ることを徹底させましょう。

仕事をする意味を考えるよう指導

特に新入社員の頃は「依頼されて断片的に仕事をする」ことが多いです。

ただ、「なぜその作業をしているか」「その資料はどう使われるか」まで考えるように指導を。

絶対に、「頼まれたからです」「この後どう使われるか分かりません」などと答えてしまわないように。

仕事をする順番や納期の考え方

いくつもの仕事を並行して完遂させなければなりません。

重要度と緊急度を考慮したタスク管理をこまめにするよう指導しましょう。

その中でも締め切りの考え方はとても大切。

締め切りから逆算してチェックの時間、考案する時間などは余裕をもって設定するように指導します。

若手だからこそ根拠が必要

社会人は、全ての行動に責任を持つ必要があります。

下請法、労働基準法、社内ルールなど様々なルールがありますよね。

「過去に先輩が同じようにしていたから」、「おそらくこれでいいと思います」など根拠が曖昧になっているととても危険です。

自分も分からないことや迷うことがあれば必ず調べて根拠を明確に。

07 明日からできる小さな気配り

毎日自分が働く環境はよりよくしたいものです。

だから小さな気配りを惜しみなくしましょう。

宛名を書くという気配り

付箋メモで上司や同僚へ伝言をすることがあると思います。

宛名と「よろしくお願いします」の言葉を添えると丁寧です。

私は「よろしくお願いします」という〝ハンコ〟を作ってたくさん付箋に押印しています。

たまには口を出してみる

目の前の席で後輩が何やら困っている様子。

耳を傾けて、自分が答えを持っていそうなら「もしかして、○○の資料探している？」と手を差し伸べてあげましょう。

リンクで共有するときには、後できっと同じように探すであろう別の後輩もCCに入れて共有しておくと一石二鳥です。

自分発信の調整は、先回りが命

例えば、どうしても先輩の打ち合わせと自分の打ち合わせを交換してほしいとき。

「先輩の13時からの打ち合わせ、延期できますか？」だけでは不親切。

こちらから申し出るのであれば「先輩の13時からの打ち合わせ、16時からにずらしていただくことは可能ですか？　念のため確認しましたが、関係者の予定は空いていそうです。同じ会議室を仮予約してありますが、いかがでしょうか」と先回りして手配しておくことが大切です。

お礼は言っても言い過ぎにはならない

依頼していたものが机の上に置かれていたときや、お菓子をいただいたときには必ず直接お礼を伝えると好印象です。
飲み会の翌日には必ず「誘っていただきありがとうございました」のお礼を忘れずに。

08

面接や面談を成功させるコツ

就活の際にも通った道……面接。
昇格や昇級にも必要で、そのような場が苦手な方も多いのではないでしょうか。
私が面接・面談の際に実践しているコツを紹介します。

緊張に打ち勝つ方法を知る

私は第一声の喋りだしで一番緊張するという癖があります。
この癖を見つけてから、まず喋りだしの一文は簡潔にするようにしました。
一呼吸おいてから姿勢を正して話をするようにしています。
自分がどのような場面で最も緊張するかを知るだけでも、成長の第一歩です。

話に抑揚をつけて強調

プレゼンの時に大切な単語を強調するのと同じで、面接や面談においても同じことが必要です。

「例年通りの見込みであれば3件の成約でしたが、今年は8件と17年ぶりの成績を収めることができました」

この場合は「17年ぶり」という〝素晴らしさを引き立てるワード〟を強調します。若干の間を取って引き立てるように話すとより伝わりやすくなります。

やる気は語尾に現れる

「〜したいと思います」「〜ができればいいと思います」

ふわっとした語尾はどうしても抽象的なイメージを与えてしまいます。

「〜に尽力します」「〜いたします」と言い切りの形にするとやる気がより伝わります。

ネガティブな言葉は言い換えて

「他社に負けないように……」は「当社を選んでいただけるように……」など、

ネガティブな言葉をポジティブな言葉に言い換えるように意識しましょう。

このような言葉の端々からも、向上心を伝えることができます。

面接や面談に臨む前に必ず文字に起こして、第三者の目線で赤ペンを持って原稿を添削してみましょう。

09 一緒に働きたい新入社員とは

新入社員の頃は右も左も分からない状況で日々勉強です。「デキるな」と思わせる新入社員というのは、自分で工夫しながら仕事をしている傾向にあります。

二度と同じことは聞かない努力

メモを取るのは当たり前ですが、ただメモを取るだけでは知識になりません。例えばカテゴリごとにメモをするページを分けて、インデックスを付けたり、ビジネス単語帳を作成したり……。

新入社員のときだからこそ、たくさん質問をして分からないことを一度で解決しましょう。

忙しいことを「仕事ができる」と思わない

残業が多くて自身の仕事が大変なことを、「仕事ができる」と思わないこと。

本当に仕事ができる人は、忙しさを感じさせず、それでも内心冷や汗をかきながら同時並行で複数の仕事をしている人です。

仕事量が多く、自身の能力をオーバーしているときは、オーバーする前に上司へ状況を相談してみます。

ＨＥＬＰの声を上げないと、まだまだできると思われてしまうこともありますから……。

積極的に意見を発して

配属されてすぐの頃は、まだ〝お客さま気分〟が抜けず会議での発言も遠慮がちに……。

ある程度の用語や業務内容を把握できたら、会議や打ち合わせで積極的に意見を述べて。

とんちんかんなことを言ってもいいんです。新入社員の特権は今しか使えませんよ。

ミスを減らす工夫

各所からいろいろなアドバイスや指摘を受ける時期ですよね。作った資料が添削の赤ペンだらけで返ってくることもあります。指摘されたことは必ずExcelやメモに書き留めておいて、次に資料作成をするときの自分だけのチェックリストにしてください。

注意された赤ペンは、すべてチェックリストの項目になるんです。

10

褒められる オフィスでの所作

一番長い時間を過ごすオフィスでの振る舞いにも注意が必要。

「いつもあの人、素敵だなぁ」と思う人っていませんか？

きっとそういう人は、近くの人にこそ常に気を配れる人なんですよね。

挨拶は基本中の基本

外出時には「いってきます！」。

帰宅時には「お先に失礼します、お疲れ様です」。

小さなことですが気持ちのいい挨拶をすることは基本。

社内ですれ違う他部署の方へも忘れずに、一緒に仕事をする時、「いつも挨拶してくれるよね」と覚えてくださっていた時がありました。

オフィスでできていれば、相手先でも自然と挨拶ができます。

「〜ぱなし」は家だけにする

椅子を出しっぱなし、パソコンを開きっぱなし……。やりかけや中途半端な状態のままだと雑な印象を与えてしまいます。ずぼらな一面は、家だけに留めましょうね（笑）。

見て見ぬふりはしない

印刷用紙切れや小さなごみが落ちているときがあります。急いでいると見逃してしまいたくなりますが、意外と他の人が見ているかも。お互いに気持ちよく仕事ができるように、気づいたら動くこと。

〝〇〇越し〟は避けるべし

電話をしている人のそばで大声で会話をしたり、パーテーション越しに人を呼びつけたり……。〇〇越しに動作をするのはオフィスでは避けましょう。どこか荒々しい印象になってしまいます。

目線を合わせて話す大切さ

上司や先輩に話しかけられたとき、椅子から立ち上がって聞くようにしています。

資料を説明する時には、「小さくかがんで資料を見やすく持つ」など話すときの姿勢一つで印象もだいぶ変わります。

11 二度と同じミスをしない私の秘密

新入社員の頃の書類は真っ赤に添削されて返ってきたものです。

「どうしたらミスが減るんだろう……」と悩んだ結果、一つの方法にたどり着きました。

先輩や上司からの指摘事項をすべて蓄積してチェックリストにする方法です。

指導やアドバイスをいただいた分だけ項目が足せるので、ぜひ明日から実践を。

①指摘を受けた項目を書き出す

まず、指摘されたことを表にまとめます。

おすすめは保存ができるExcel形式。

例のように作ってみてください。

②反省点まで記載

ミスをしたことを書きとめるだけではなく、「どうすればよかったか」、「どうしたらミスをしなかったか」まで記載。

振り返りをすると自身の成長にも繋がります。

③フィルター設定でオリジナルチェックリストの完成

例えば資料作成の業務が発生したときには、すぐチェックリストを見るためにフィルター設定をしておきましょう。

左から2列目の「業務内容」で資料作成を選択すれば一瞬でチェックリストが完成。

もちろん自分のチェックのためにも使えますが、後輩指導の際にも役に立ちます。社会人5年目になった今でも、こっそりと使っています。

チェックリスト

① ② ③

日時	業務内容	相手	詳細	どうすればいいか
4/27	資料作成	A課長	フォントの…	見出しのフォントは…
4/28	資料作成	Bさん	インデントが…	印刷して最終確認し…
4/30	プレゼン	A課長	質疑応答の…	時間配分を誤ったため
				…
5/11	資料作成	Bさん	はじめに、の…	内容と見出しを合わせ
				…
5/12	接待	Cさん	タクシーチケット	企画チームに確認…
			…	

項目にフィルターを

※「Ctrl＋Shift＋L」でできます！

左から2列目の「業務内容」で資料作成を選択すれば一瞬でチェックリストが完成。

日時	業務内容	相手	詳細	どうすればいいか
4/27	資料作成	A課長	フォントの…	見出しのフォントは…
4/28	資料作成	Bさん	インデントが…	印刷して最終確認し…
5/11	資料作成	Bさん	はじめに、の…	内容と見出しを合わせ

12

もう怖くない、デキる電話応対

電話応対は、苦手意識がある方も多いですよね。

いくつかの注意事項を守り、かつよくある電話での小さなマナーやコツを覚えてしまえば、自然と電話対応がうまくなるんです。

声に感情を乗せる

電話は顔の見えないやり取りです。

だからこそ、声に感情を乗せて言葉をお伝えします。

嬉しいときは笑みをこぼし、御礼を言うときはペコっとお辞儀をしてもいいんです。

復唱の大切さ

ミスを防ぐためにする復唱ですが、私は相手の名前をよく復唱します。

「山田様、いつもありがとうございます」と名前を添えるだけで真摯に電話対応をしているという姿勢が伝わる気がしています。

保留の長さは長くて20秒

「少々お待ちください」と保留にしてからずっと応答がないと、相手をイライラさせてしまう可能性があります。

「これは20秒以上かかりそうだな……」と思った段階で折り返すことを申し出ましょう。

具体的な時間を述べること

担当者が不在の場合は、よく帰社時刻をお伝えすることがあります。

「午前中は外出しております」だけでは不親切です。

「13時30分には社内に戻る予定です」と担当者が外でランチを食べることも想定し、帰社時刻は少し余裕を持って伝えます。

電話の長さは、話の長さ

社内の方との電話では、長電話を極力避けたいものです。電話をしていると他に何もできません。「後ほど確認して、リンク先をメールしますね」などと、漏れなく要点をまとめて一定の時間で切り上げるスキルも大事。

確実なおことづけを

担当者に対して、「お電話がありました」だけでは少し物足りません。まず電話をいただいた時間と、担当者が折り返すべきかどうかを記載します。聞けるのであれば簡単な用件も伺いましょう。

お互いに休みが続いたり、リモートワークなどでスケジュールが合わなかったりしてすぐに取り継げない場合は、紛失リスクのあるメモは避けて、メールで確実におことづけを。

切る瞬間までが電話応対

原則として、電話をかけた方が電話を切ります。

ただし、相手が目上の方や取引先の方であれば、相手が電話を切るまで待つほうが良いです。

「失礼いたします」と終わりの挨拶をしてから数秒数えて指でフックを押して切るとより丁寧です。

数秒待つことで、相手が言い忘れに気づいたときにも対応ができますよ。

電話をかけるときの注意点

朝一番の電話や終業間際の電話はできる限り避けましょう。

どうしてもかける場合は「朝早くに申し訳ありません」とお詫びの言葉を添えるのがマナー。

「今お話ししてもよろしいでしょうか」と配慮の一言と所要時間を伝えるとなお良いです。

聞くべきことはまとめてからかける

事前に電話で聞くべきことや確認すべきことをまとめておきます。

名前の読み方や役職なども事前に確認しておくと、焦らずにかけることができます。

「えっと」「あの」という言葉は、想定外のことが起きると口癖になりがち。

要点を簡潔にまとめてスマートに電話をできる人は、頭の整理ができている人です。

電話を完璧に取り次ぐ自作メモ

付箋に一から手書きをするメモでは毎回大変です。

私は時短のために、自作の取次メモを作って活用しています。

ポイントは疎かになりがちな「よろしくお願いします」の一言。

シンプルなデザインを基本として、可愛く仕上げました。

いくつも複製しておけばとっさの時に役に立ちます。

どこにでもありそうな電話取次メモ、なかなか文房具屋さんでも見つからないんですよね……。

#電話取次メモ

＼作成Point／

- ☑ 宛名を一番上に
- □ 日時項目は２段目に
- □ 至急？ 折り返し？
- □ 誰からの連絡か？
- □ 相手の連絡先は必ず記載！
- □ 改めて電話が来るのか？ メールを見ればいいか？
- □ 意外と大切！ memo欄
- □ 最後は必ず「よろしくお願いします」

差がつく折り返し電話

いただいた電話番号とは別の電話番号から後ほど折り返し電話をする際には、事前に発信予定の電話番号を伝えておくと丁寧。

「あいにく＊＊は、本日在宅勤務をしております。すぐに本人の携帯電話より折り返すように申し伝えます。電話番号は～」と伝えておくと、見ず知らずの番号から突然電話がかかってくる不安を払拭することができます。

13 ビジネスシーンで使えるノート

一般的な罫線のA4ノートは会社から支給されましたが、どうも使い勝手がいまいち……。

普段使いするノートはこだわって自分で購入しています。

使ってみて特によかったノートを3点紹介します。

SUNNYノート、SUNNY手帳

別名は、「仕事を引き出すノート」です。

SUNNYシリーズの嬉しいところは、目次とページ数が記載されているところです。

「あのプロジェクトのメモ、どこだっけ……」という探す時間を解消することができます。

TO DOノート（LDNT-B5F-14－TO DO & MEMO）

左半分はTO DOを書き込めるリスト付きのノート。

このシリーズは、マンスリーや罫線ノートなどたくさんの種類があるんです。

ホッチキス止めの薄いノートなので、どのページも開きやすく、書きやすい。

DAISO会議ノート

静かな会議中、キーボードの音をカチャカチャ立ててメモを取るのは気が引けます。

会議ノートは議題や出席者など、埋めるところさえ埋めれば議事録が完成します。

なんといっても100円というお手頃価格、嬉しいですよね。

さまざまなビジネスシーンで使える便利ノート

❸ TO DOノート
どのページも
開きやすい

❷ SUNNY手帳
アイデアも
書き込める

❶ SUNNYノート
たくさんの仕事を
引き出してくれる

SUNNY手帳とTO DOノートの使用例は次のページへ！

#SUNNY手帳

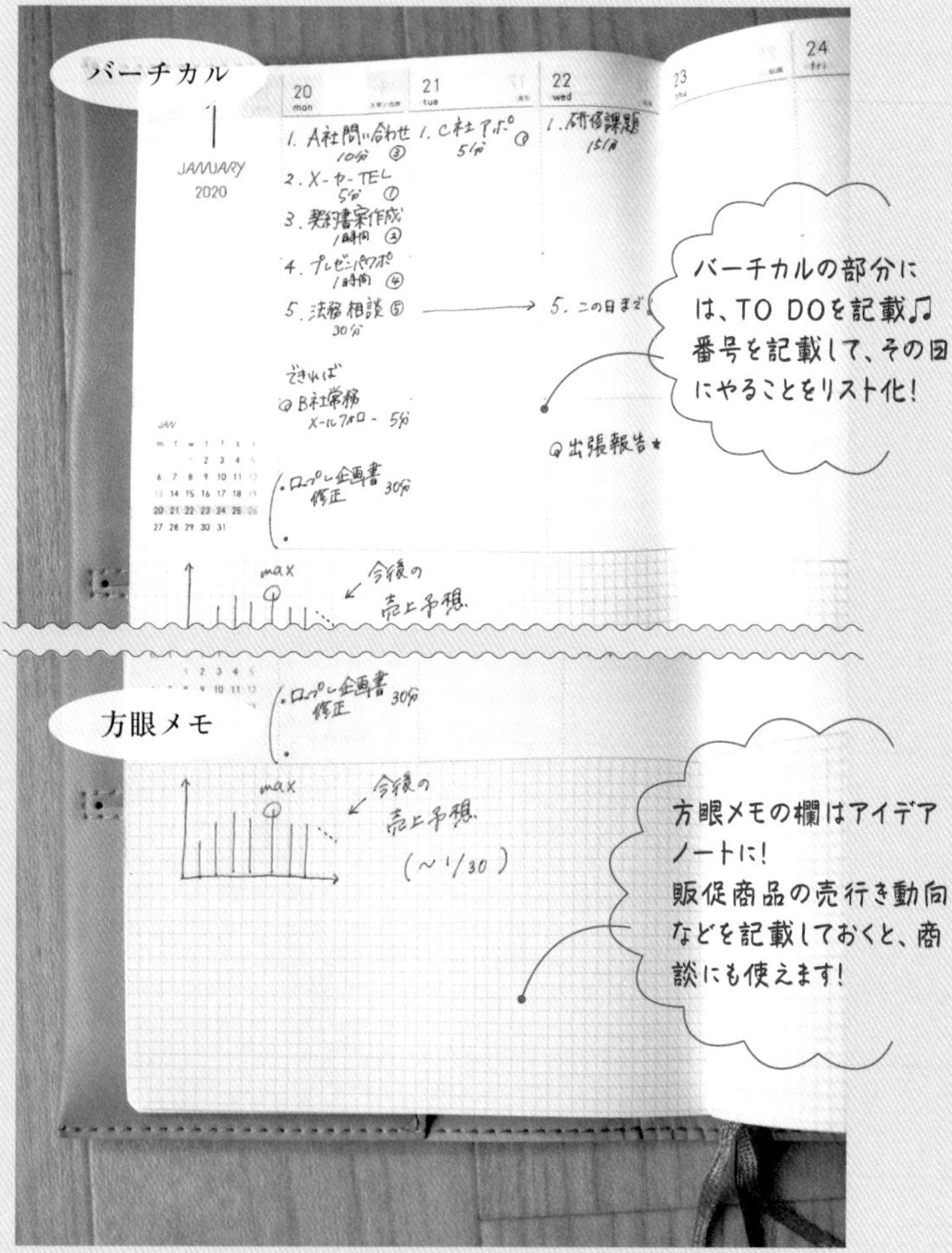
バーチカル
バーチカルの部分には、TO DOを記載♫
番号を記載して、その日にやることをリスト化!
方眼メモ
方眼メモの欄はアイデアノートに!
販促商品の売行き動向などを記載しておくと、商談にも使えます!

#TO DOノート（LDNT B5F 14 - TO DO & MEMO）

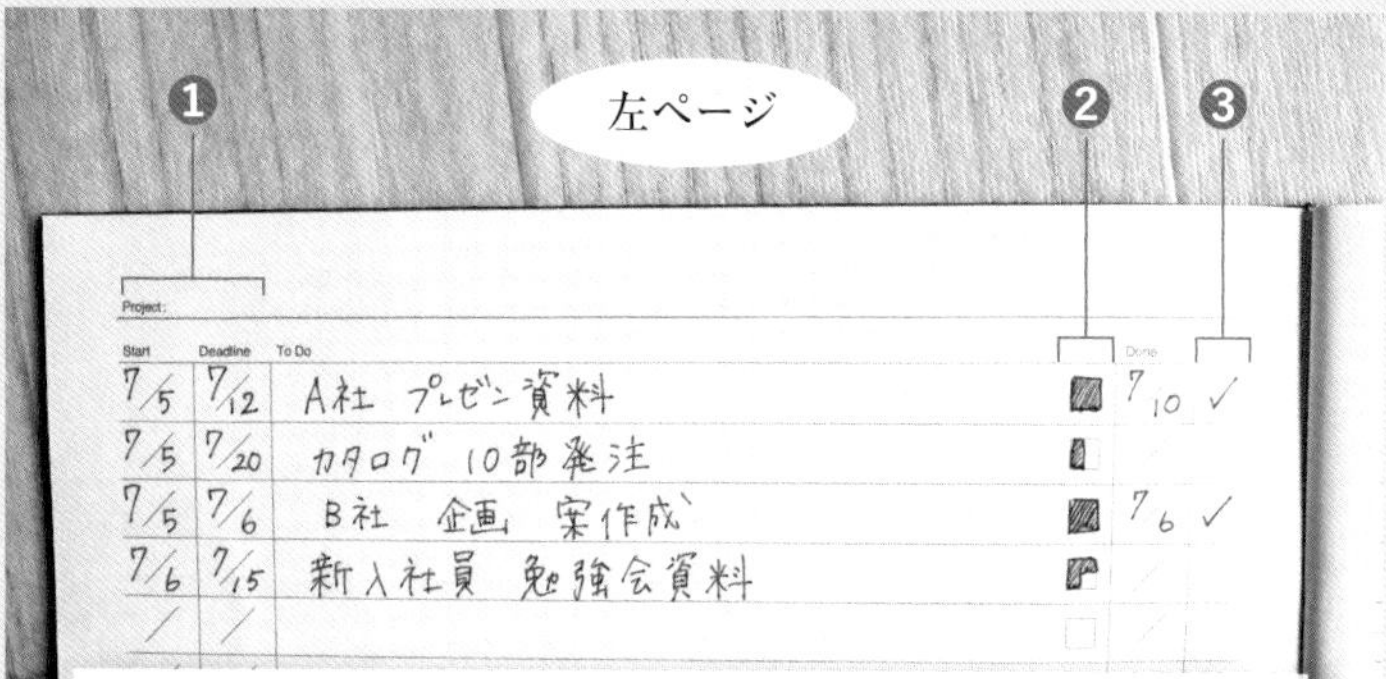

POINT ❶「Start」「Deadline」と期限が記載できるのがうれしい。

POINT ❷ アイコンの塗り方で、タスクがどこまで終わっているかわかりやすい！

まだまだ　あとちょっと　完了

POINT ❸ 終わったタスクは「✓」マーク。

POINT ❹ タスクを何時までに終わらせるか確認！

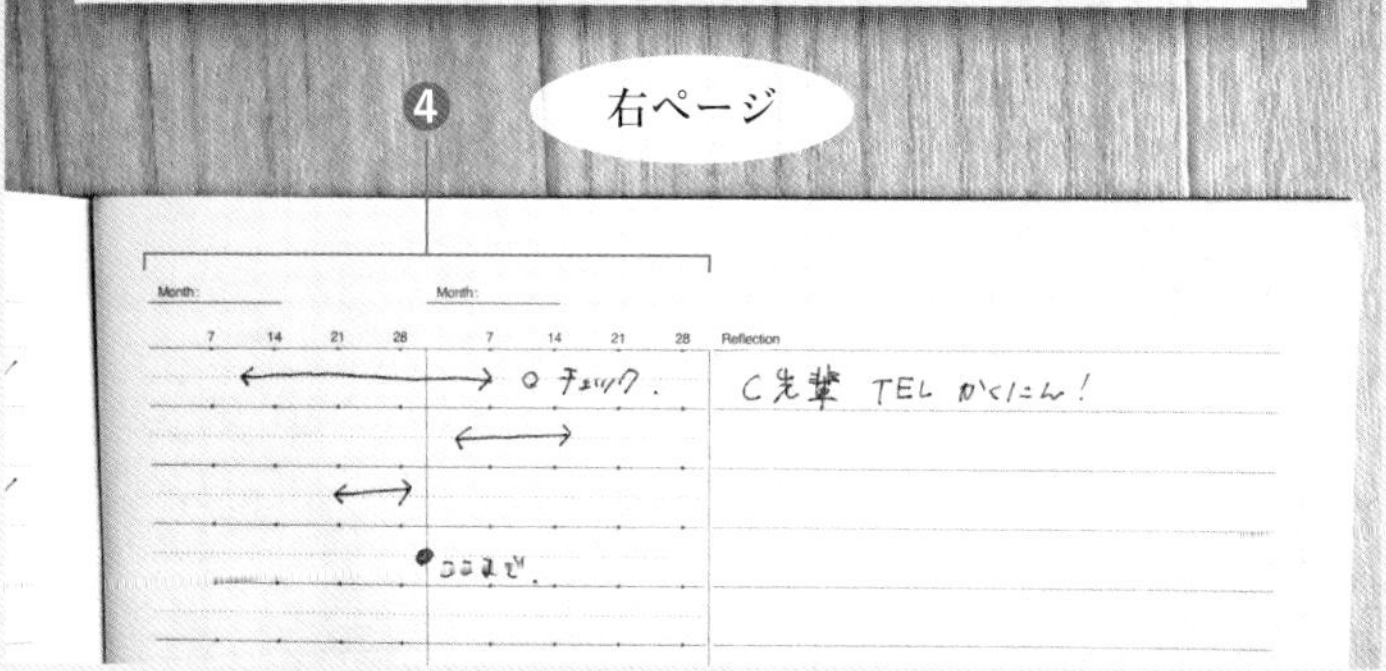

14

頭を整理するためのノート術

学生時代にノートまとめが得意だった方は、たくさんのノート術を持っているかもしれません。

ノートの使い方次第で、仕事の出来栄えも全然違うなと日々感じています。手を動かすことで覚え、整理し、アウトプットにも繋がりますよね。

大事な商談前の備忘録

絶対に聞いておかなければいけないことや、キーパーソンなどを事前に箇条書きにしておきましょう。

あとは焦ることなく順番に自作のテンプレートを埋めていくだけ。

電話を掛ける前の頭の整理のためにもノートや Word を使うことをおすすめします。

どんなことも欠かさずメモする

社外では、お客さまの困りごとや雑談。

社内では、先輩から依頼された「時間があったらやっておいて」という小さな仕事。

どんなことも欠かさずメモをしておくと、後々見返した時にこぼした仕事を拾うことができます。

色には自分ルールを

赤ペン、青ペン、蛍光ペン……。

どんなときに何色のペンを使うか統一しておくとスマートです。

課題事項は赤字、新たな発見は青字、などノートがごちゃごちゃしないようにまとめます。

column 01

新入社員あるある

case 1

スーツからオフィスカジュアルへ変えるタイミングをうかがう

どのくらいまで許されるのか、会社の先輩をとにかく観察しました（笑）。

case 2

「御社」を「弊社」と言えるのが嬉しい

入社してすぐは、言い間違えそうになります。

case 3

とてつもなく緊張する電話応対

特に配属初日は、できることなら鳴らないでほしかった。

case 4

注目の的から早く逃れたい

良くも悪くも目立つ新入社員。早くなじみたかった。

case 5

少しのミスでとことん凹む

できないことが多すぎて、迷惑をかけてしまったことにずーんと沈む日が多々ありました。

case 6

やたら早く起きてしまう

緊張から、目覚まし時計が鳴る前に目覚めてしまった……。寝ながら緊張していたのかも（笑）。

2章

第一印象は一度しかつくれない！
取引先での印象アップ

素敵な第一印象の作り方を知っている人は、
ふとまた会いたくなる人になれる。

15 スマートな名刺交換

「はじめまして」の場面では名刺交換が必須。
スマートな名刺交換ができるためのコツをいくつか紹介します。

相手の目を見る

名刺を渡しながら、相手の目もきちんと見ます。
慣れないうちはとても大変ですが、顔と名前を一致させるためです。
その場で相手の名前を覚えるくらいの意識をもっておくと良いです。

名刺の位置が重要

胸の高さで名刺を交換するのが一般的です。
同時に名刺交換をする場合では、相手の名刺よりも自分の名刺を少し下げるようにしましょう。

自分の名刺は逆さに入れておく

自分の名刺は相手の方へ向けて渡すものです。

あらかじめ逆さにして名刺入れへ収納しておけば、向きを変えずに渡すことができます。

名刺は相手の顔そのもの

マナー研修で、名刺は相手の顔そのものであることを学びました。

折ったり落としたりすることは禁物。両手で丁寧に扱います。

受け取った名刺はすぐしまわない

打ち合わせや商談中、テーブルの上などに置いておくのがマナーです。

私は右利きなので、席順に並べて左側に置いています。

相手が複数名いる時には自分の名刺入れの上に置くのは、役職が最も高い人の名刺です。

名刺交換
よくあるQ&A

Q **自分よりも高さを下にして名刺を差し出される。どうする？**

A お互いに名刺を下げ続けることになってしまうので、ウエストより低くなりそうなら「失礼します」と断って適度な高さで交換しましょう！

Q **名刺を切らしてしまった……。どうする？**

A お詫びをした上で、必ず「後ほどお送りします」とお伝えして対応しましょう。パスケースやカバンのポケットに10枚ほど忍ばせておくと安心です。

Q **立食パーティーで名刺交換をした場合でもすぐしまうのはダメ？**

A 時と場合に合わせて、臨機応変に対応しましょう。私は名刺交換後に一定程度の話がはずんだ後、もしくは相手が名刺をしまったら、同じようにしまっていますよ。正解が分からない時は、相手の行動に合わせるのがいいかもしれません。

16 名刺入れの選び方

名刺交換の場を複数回経験してから、「こんな名刺入れがいいな」と気づくこともあります。

入社時、また就活時に購入すべき名刺入れについてまとめてみました。

おすすめは無難な色

ベージュやネイビー、黒などの無難な色がおすすめです。
どんなスーツにも、どんなオフィスカジュアルにも合うので1つは持っておくべき。

ハイブランドでもいいの？

ブランドのロゴが目立っていなければ、ハイブランドでも問題ないです。

１００円均一などで購入したプラスティックのものは避けましょう。

カードケース≠名刺入れ

表にリボンなどの装飾がついているものがありますが、カードケースを名刺入れとして使うのはおすすめしません。

ビジネスシーンでは自分の名刺入れをお皿のようにして相手の名刺を置きます。表面が凸凹していては名刺を置くことができませんから……。

ポケットは2つ以上が好ましい

自分の名刺といただいた名刺が分けられるような構造の名刺入れをおすすめします。

講演会や懇親会では、一度に名刺交換をする人数が数十名になるかも……。30〜40枚ほど入る名刺入れだと、とても安心ですね。

#名刺入れ

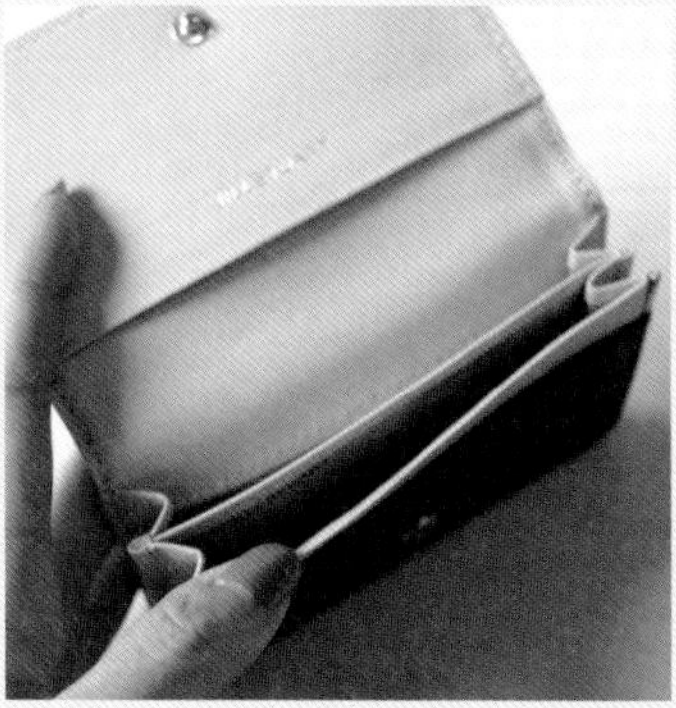

＼選ぶときのポイント／

- ポケットは２つ以上のものにしましょう。
- ベージュやネイビーなどの無難な色がおすすめ。
- 外側のポケットには自分の名刺を入れ、内側のポケットにはいただいた名刺を入れておきましょう。
- 商談・打ち合わせから帰ってきたら、すぐにメモをして保管を。

17

記憶も残す、名刺の保管術

名刺交換をした後、いただいた名刺はどう保管していますか？
ファイル保管、ボックス保管などそれぞれメリットやデメリットがあります。
うっかりもう一度名刺交換をしてしまわないような保管の工夫が必要です。

①ファイル保管

レフィルに入れて、ファイリングする方法は最も一般的です。
見開きで名刺を探しやすい反面、名刺が増えると引き出しの中でかなり幅をとります。

②ボックス保管

会社名を五十音順などにして一つのボックスに保管する方法もあります。

多少名刺が増えてもコンパクトに収納できるメリットがありますが、ファイル保管に比べると探すのに少し時間がかかります。

名刺は記憶と一緒に保管する

名刺交換をした日に、名刺の裏もしくは付箋に打ち合わせをした日時と用件をメモしておくことをおすすめします。

半年以上経つとお会いしたことを忘れてしまうかもしれません。

二度目にお会いして、相手の方から名刺交換をされそうになった場合には、「実は○○の件で一度お会いしております。その後ご挨拶もできず、申し訳ありません」と一言添えると丁寧です。

ファイル保管

Point
見開きで名刺を探しやすいので、おすすめです。ただし、名刺が増えてくると、管理が難しくなることも。

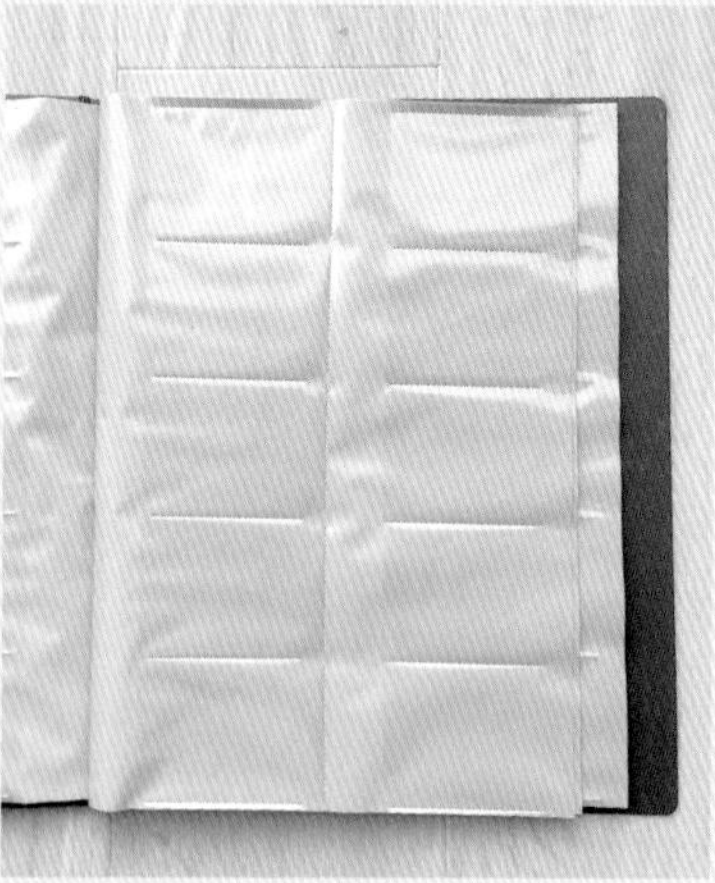

よく連絡を取る取引先を保管

一目で名刺を見やすいファイルと、必要な時までコンパクトにまとめておけるボックスは、長所に応じて使い分けています。よく連絡を取る取引先はファイル収納し、過去にお取引のあった（頻繁に見ないであろう）お客様の名刺をボックス収納するように分けています。

ボックス保管

Point

ボックス保管だと、多少名刺が増えてもコンパクトに収納できます♪

どちらの保管にもメリット、デメリットがあるので、自分の好きな保管方法を試してください。

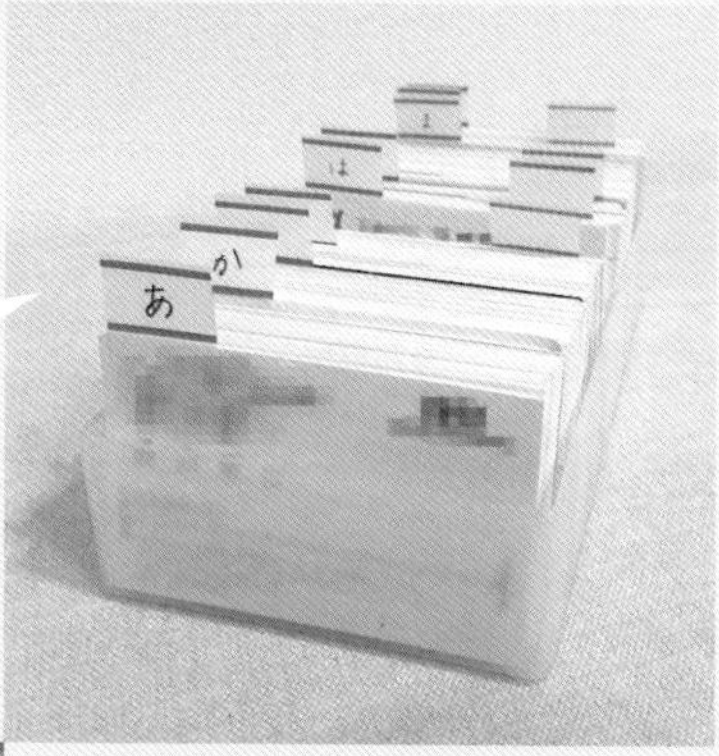

過去に取引のあった取引先を保管

「青のインデックスは単純に会社名のあいうえお順のインデックスとして。
過去に２回探した会社名には赤いインデックスを付けています。」

18

取引先に好印象を残す第一印象の作り方

第一印象は一度しか与えることができません。
表情や声、ふるまいなどに注意を払って好印象を残すことが大切です。
きっと取引先の方だけではなく、社内の人間関係も円滑になるはず。

挨拶は必ずこちらから

「お世話になります！」「本日はお時間をいただきありがとうございます！」など、
第一声の挨拶ははっきりと明るいトーンで。
慣れるとおろそかになりがちですが、会社で会う方への挨拶は欠かさずに。

会話のネタは「たちつてとなかにはいれ」がキーワードです。
た…食べ物　ち…地域　つ…通勤　て…天気　と…富　な…名前

か…体　に…ニュース　は…流行り　い…異性　れ…レジャー

これらの話題は初対面の方との会話のネタにピッタリです。

た…「オフィス内に食堂があるのですね。いつもランチはそちらで召し上がるのですか？」（食べ物）

つ…「本日はこちらまで、電車でいらっしゃいましたか？」（交通の話題）

て…「今週はずっと雨ですね。弊社は駅からだいぶ遠いので、この時期はとても大変で……」（天気）

な…「珍しい苗字ですね、ご出身はどちらですか？」（名前の話題）

あくまでも、プライベートに踏み込みすぎず、適切な距離感での会話を。

小さなレスポンスこそ大切

雑談中、「あの件ってどうなんだっけ？」という小さな疑問が出ることも。

相手が疑問に思ったことや小さな独り言を逃さないようにしましょう。

打ち合わせのお礼のメールとともに、レスポンスするととても丁寧です。

信頼関係の構築にも繋がります。

あいづち上手は聞き上手

相手の話を正確に理解していることを示すためにもあいづちはとても大切です。

知らない話題が出たときに「あ、そうだったんですね」「存じ上げませんでした」といくつかのレパートリーを携えておくと会話もスムーズにすすめることができます。

特に若いうちは、「勉強になりました」という姿勢を見せることもコツの一つです。

19 営業職ならではの心遣い

営業をしていると、どうしてもこちらから聞き出したいことばかりが先行してしまいがちです。

大事な訪問機会に、よりよい商談となるかは自分次第だと思っています。

情報はギブアンドテイク

「キーパーソンは誰か？」「計画の進捗状況は？」など、一度の訪問で聞きたいことは山ほどあります。

お願いするにも聞くにも、こちらからも同じだけ情報を与えることが重要です。

「弊社も……でして、御社はいかがですか？」のように聞くと、心を開いてもらいやすいです。

相手のことを徹底的に知る

相手の会社のプレスリリースや新聞記事などは訪問前に必ずチェックを。

少し早く出向いて、建物周辺をぐるっと回ってみるのもいいかもしれません。

話題の一つにもなりますし、思いがけず営業チャンスが舞い込んでくることも。

会話は歯切れよく、不安は払拭する

何か質問されて、すぐに答えられないときがあります。

「～～だと思うんですけどね」「確か、～～だったかと」と歯切れが悪いと不安を与えてしまいます。

想定される質問には答えられるようにしておきましょう。ある程度、商談に必要なデータや数値はメモしておくといいです。

複数名での訪問時には、立ち位置を明確に

営業職は人と人を繋げる役割を果たします。

例えば自社の開発部門の人と営業の私の計二名で先方にお伺いするときには、それぞれの役割や業務分掌を明確にすることが必須。

「今後、本製品に関してご質問がある場合は、直接＊＊にご連絡ください」と、相手の立場に立って問い合わせ先を明確にしておくととても丁寧です。

リモート商談でも気を配る

通信状況に影響を受けやすいリモートでの打ち合わせ。

大事な打ち合わせの際には、初めの数分のみ2つのアカウントで入室し、自身の声の大きさや通信状況を確認します。

「画面の共有中は通信を安定させるため、カメラをオフにいたしますがご了承ください」「10ページずつに区切って説明いたしますので、ご質問はその際にお願いいたします」と、直接会えないからこそ声に出して、隅々まで気を配りましょう。

20 これだけは覚えて！ 上座と下座

どんなときにも覚えておきたい上座と下座の位置。

特に若い頃は自然と下座に移動することが必要です。

よくあるビジネスシーンの上座と下座の位置をまとめてみました。

会議室では部屋の奥が上座

会議室や応接室では扉から最も奥の位置が上座です。

お客さまをご案内する際には扉を開けておいたり、ゆっくりと一歩前を歩いて誘導しましょう。

車の中では運転席の後ろが上座

タクシーの中では後部座席、特に運転席の後ろが上座とされています。

会議室

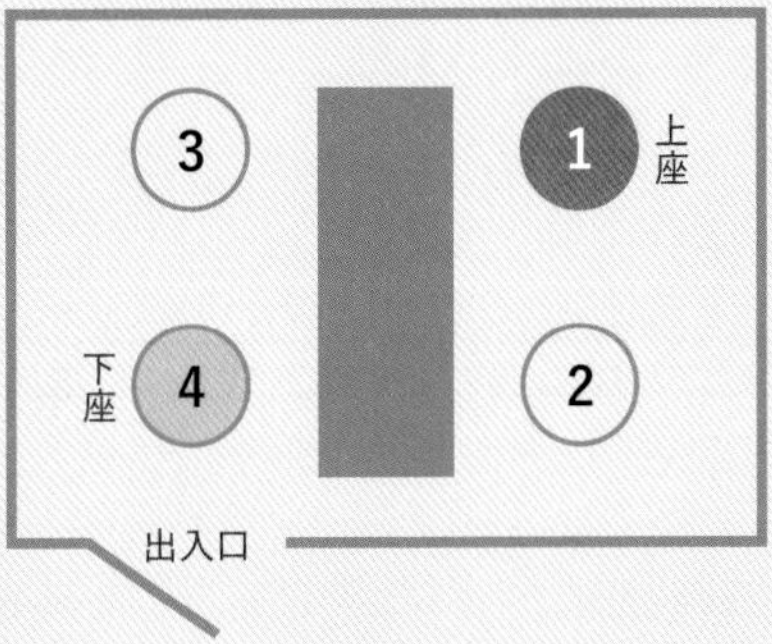

タクシー

4名の場合

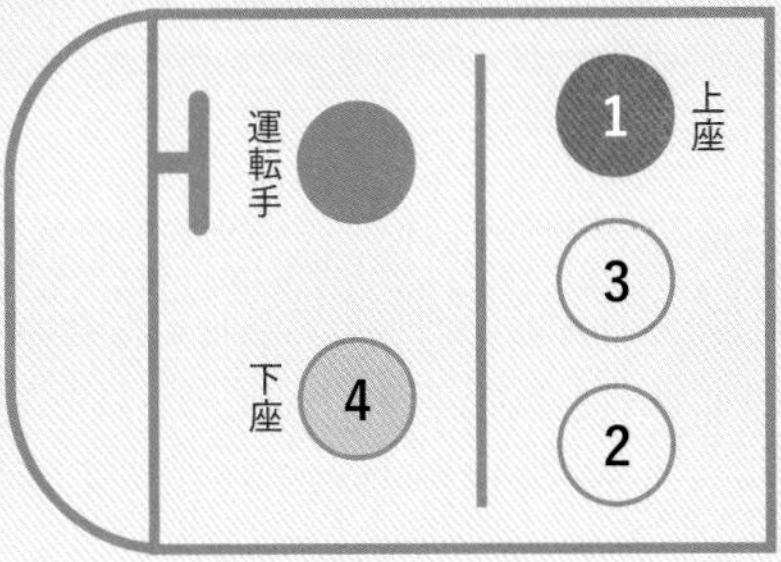

後部座席に男性３名が座ると窮屈なので、時にはわたしも後部座席に座り、男性に助手席に座ってもらいます。

エレベーターでは奥が上座

自然に下座である操作盤の前に立ちましょう。

右と左の両側に操作盤がある場合、右側が下座とされています。

身体は若干ななめにし、同乗した方に対して完全に背中を向けるのは避けます。

エスカレーターでは上が上座

上司やお客さまとエスカレーターに乗る際は、上に乗っていただくように。

下りの際には、下座の自分から先に乗ることになるので、「お先に失礼します」と一言添えると、とても丁寧です。

エレベーター

5人で乗るとき

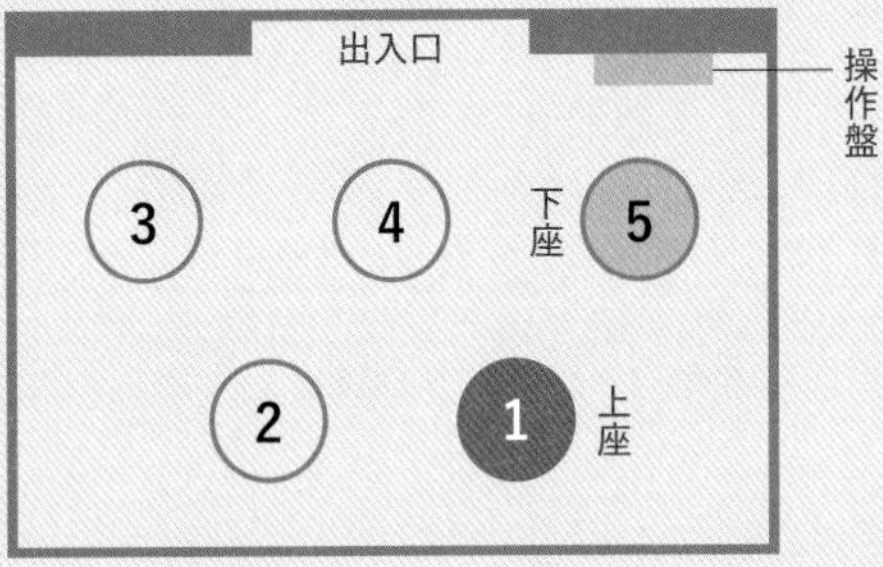

エスカレーター

21

第一歩、社会人マナー

難しいことは習得するのにとても時間がかかります。新入社員でも、すぐに実践できる社会人マナーは覚えておきましょう。

紹介する順番には注意を

お客様と社内の人や上司を引き合わせるときは、まずお客様に社内の人や上司を紹介します。その後で社内の人や上司にお客様を紹介します。

会社周辺でイヤホンは△

会社の最寄り駅付近では、だれに声を掛けられるか分かりません。無意識に無視してしまうことのないように、イヤホンはそっと外すのが無難です。

もちろん、勤務時間中の外出時に音楽を聴くのも控えましょう。

揃うまで待つ意識

食事の場では、全員の食事が来るまで待つ意識を忘れないように。

先に食べるようすすめられた場合は、「お先にいただきます」と一言添えて、食べるペースをできる限り合わせるようにしましょう。

相手先でお茶を出されたとき

相手先で飲み物をいただいた際には、相手が「どうぞ」と言うか、相手が先に飲むまで待ちます。

また、退室時には、上司の分も合わせて飲み終えた湯飲みを机の端に寄せましょう。

22

接待と会食、幹事のコツ

社会人になってすぐ、避けて通れないのが幹事……。

周りに気を配らなければならず、特に会社対会社の接待の際には注意が必要です。

お店選びは慎重に

相手の会社からのアクセスや個室かどうか、そして価格帯などから総合的にお店を選びます。

事前に希望を聞いておくと選ぶときの指針にもなってておすすめです。

大切な接待の前には上司に相談のうえ、事前に下見をしておくといいでしょう。

入店後は席の配置を確認すること

ハンガーやベル、メニューの位置を把握して下座に配置します。

相手が喫煙者であるとわかっている場合は、席に灰皿を用意すると良いです。

お酒を注ぐタイミング

注文してから時間がかかる場合があるので、グラスの約3割を切ったあたりで「何か飲まれますか？」とメニューを渡しながら聞きましょう。

二次会のお店は複数把握しておく

一次会が終わってから二次会のお店を探すのでは、相手を待たせる時間ができてしまいます。

事前に徒歩3分前後の場所で、3パターンほどのお店を把握しておきましょう。

手土産は重くない、コンパクトなものを

手土産を用意する場合は、持ち帰るのに重くなく荷物にならないサイズのものが適切です。

そして、必ず選んだエピソードを添えてお渡ししましょう。

翌日のお礼までが幹事

お礼の連絡を終えるまでが幹事業だと思っています。

いつもは堅苦しいビジネスメールですが、お酒の場を経た後のお礼メールでは「楽しかった」という感情をこめてメールをすると良いです。

会場や参加者をリストに残す

今後も同様の懇親会を開催する可能性があれば、リスト化を。

同じ会場や手土産を選ぶ心配もなくなりますし、引き継ぎの際にも役立ちますよ。

23

飲み会中、やってはいけない5つのこと

飲みの場では自然と楽しみつつも、やってはいけないこともあります。あとで叱られることのないように、覚えておくべきＮＧリストを作ってみました。

①高い位置から乾杯をしてはいけない

乾杯のグラスは、目上の方よりも下の位置から。
高い位置からの乾杯は失礼にあたります。

②片手でお酒を注いではいけない

特に瓶ビールはラベルを上にして、両手で注ぎます。
もちろん、注いでもらうときも両手でグラスを持ちましょう。

③無礼講は「敬語をなくそう」ではない

「今日は無礼講でいこう」と上司から言われることもあります。そうはいっても限度があることを心得ておきましょう。間違ってもタメ口で話したり、肩を組んだりしては、いけません。

④無言で大皿に箸をつけてはいけない

何名かで1つのお皿の料理を取り分ける際には、新しいお箸をもらうのが基本的なマナーです。

気心の知れた間柄であれば、「新しいお箸をもらいましょうか？　直箸でもよろしいでしょうか？」のような一言を伝えるといいでしょう。

⑤お箸は箸先を相手へ向けて置かない

お箸は基本的に箸置きへ置きます。

間違えても相手のほうに箸先を向けないようにしてくださいね。

24 人の輪を繋げる、引継ぎ術

異動や昇級によって業務を引き継ぐこともありますが、頻繁に発生しないため、なかなか引継ぎの仕方を覚えるって難しい。

お客様にも、後任者にも感謝される引継ぎ術をまとめてみました。

引継ぎ挨拶では、前任：後任＝1：2の法則

思い入れのあるお客様の引継ぎ訪問では、ついつい自分の思い出話をしてしまいがち。

しかし、今後の担当は後任者。後任者にとって、第一印象を作る引継ぎ訪問はとっても大切です。自分の話と後任者の紹介は1：2のボリュームを意識しましょう。

後任者とお客様の共通点を見つけて話題にすること。繋ぎ役はこの時、自分に

しかできませんから。

社内、社外問わず挨拶は必須

自分が新しく担当する立場になった時、基本的に社外の方には挨拶しますよね。同様に、社内の関係者へも一言挨拶をしておくのがベストです。社内だからこそ、足を運んで顔を見せる。顔も知らない新しい担当者から突然依頼メールが来るよりも、事前に挨拶しておく方が気持ちよく仕事がスタートできますよ。

二つの目線で引継ぎ資料を作る

その業務における長期的に取り組む課題と、短期的に取り組む課題を必ず資料に残しておきましょう。

長期的に取り組む課題には、年間スケジュールを記載すること。

短期的に取り組む課題には、ここ数日で対応しなければならないことを定常業務と非定常業務に分けてもれなく記載します。定常業務には何分かかるか、想定時間も記しておくと相手が取り組みやすくなります。

担当替えは、絶好の断捨離機会

自分しか分からない迷宮のようなフォルダ、作っていませんか？

担当替えのタイミングで、〝提出しなかった作成途中の資料〟などは削除しておき、社外提出資料と社内説明資料にフォルダ分けをして、身辺整理を。

後任者が、前任の自分にファイルの置き場所を聞くことのないよう、分かりやすく整理整頓して置き土産にしておきましょう。

column 02

相手先に行く前に！ 9のチェック項目

これで安心！

- ☑ 必要書類は外出前に中身まで確認を。印刷ミスはない？
- ☐ 公共交通機関の遅れがないか。
- ☐ 先方から以前いただいていた宿題に、訪問前および訪問時に全て回答できるか確認。
- ☐ 社員証や名刺入れ、ボールペンやメモ帳などの持ち物チェック。
- ☐ 先方からアポの時間の変更連絡が入っていないか、メールチェック。
- ☐ 訪問時には何があるか分かりません。相手の名刺を携帯すること。
- ☐ 当日必ず伝えておきたいことを箇条書きにして。
- ☐ 訪問時に必ずヒアリングしたいことを箇条書きにして、メモのスペースを作っておく。
- ☐ お客様から質問されそうなことと答えを最低3つは準備しておく。

3章

明日からできる!
好印象を残す仕事術!

一日3分の仕事時間の短縮が、
数年後自分を大きく成長させていることに気づくはず。

25

デキるTO DOリストの作り方

日々いろんな仕事が発生しますよね。時にはうっかり忘れてしまうことも。仕事を抜けもれなく、効率的に進めるためにはTO DOリストに工夫が必要。私が毎日作っているTO DOリストの作り方を紹介します。

①どんな小さな仕事も列挙する

企画書作成や上司への報告など、目立った仕事はTO DOの項目として書きやすいので問題ありません。小さな仕事とは「○○さんへメールを転送しておく」ことや、「引き出しの中の書類の整理」のような気づきにくい仕事のこと。

小さな仕事も立派な仕事として、見える化しておきます。

②所要時間と優先順位を割り振る

それぞれの仕事にかかると想定される時間×80％の所要時間を書き込んでおきます。このままではタスクを並べただけなので、優先順位を再度割り振って順位付けをしておきます。

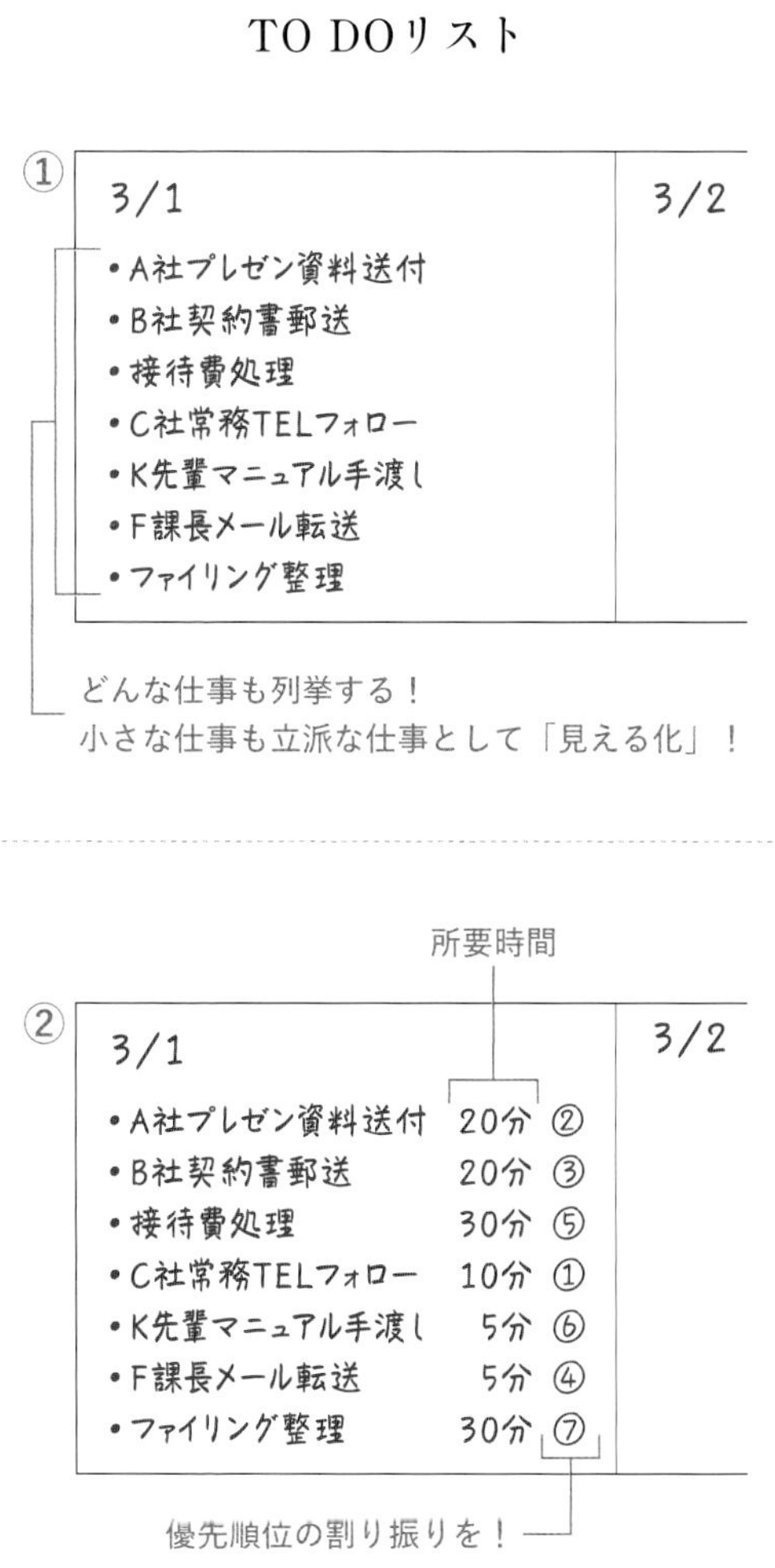

③終わったタスクも、あえて残す

終わったものを消しゴムや修正ペンで消さないように。

後日、自身の業務の振り返りをするのにも使えます。必ず斜線を引くなどで見返せる状態にしておきます。

④定時1時間前には残業判断を

きっとすべての仕事が綺麗に終わる日は少ないでしょう。「本当に今日終わらせて帰らないと問題がある仕事」と、「明日の朝に繰り越しても大丈夫な仕事」に割り振り、残業の判断をしましょう。

無駄に残業をしてしまわないように。

⑤翌日のＴＯ　ＤＯリストの半分は前日にできている

翌日のＴＯ　ＤＯリストは、前日の定時前に繰り越した仕事と、新たな仕事の二つで構成されるはずです。ここでまた、同じように優先順位を整理します。突然振られた仕事や、やりやすい仕事に飛びつかないように、一度リストを眺めてみてください。

③
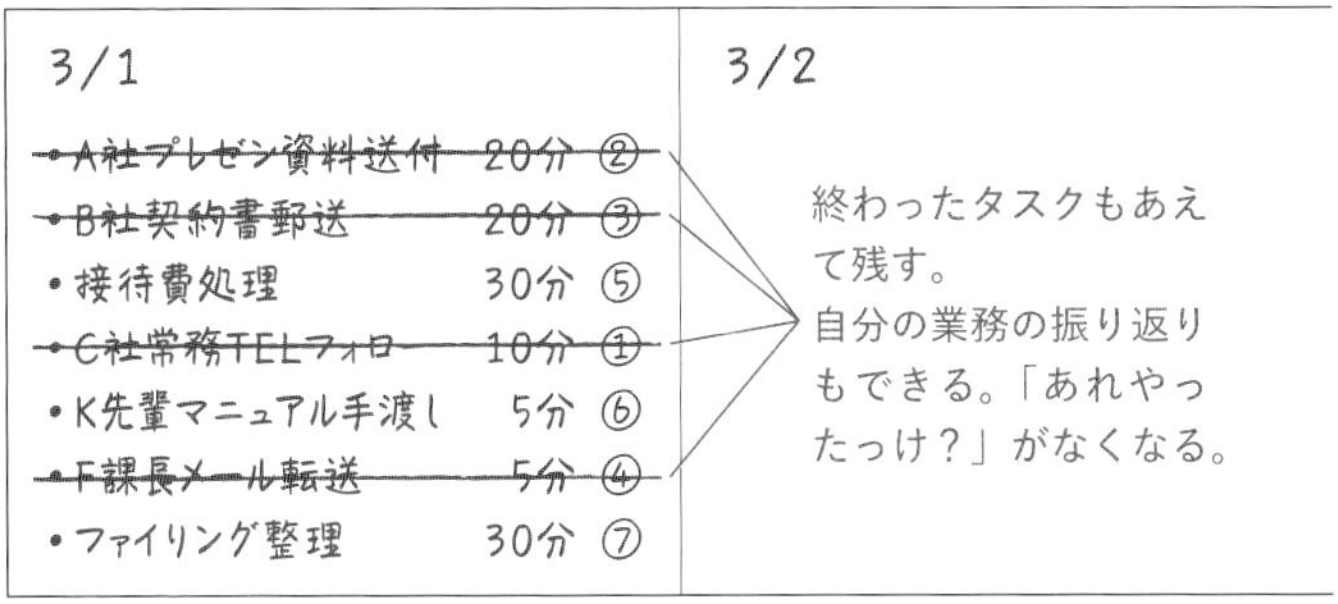
3/1
~~・A社プレゼン資料送付 20分 ②~~
~~・B社契約書郵送 20分 ③~~
・接待費処理 30分 ⑤
~~・C社常務TELフォロ 10分 ①~~
・K先輩マニュアル手渡し 5分 ⑥
~~・F課長メール転送 5分 ④~~
・ファイリング整理 30分 ⑦
3/2
終わったタスクもあえて残す。
自分の業務の振り返りもできる。「あれやったっけ？」がなくなる。

④
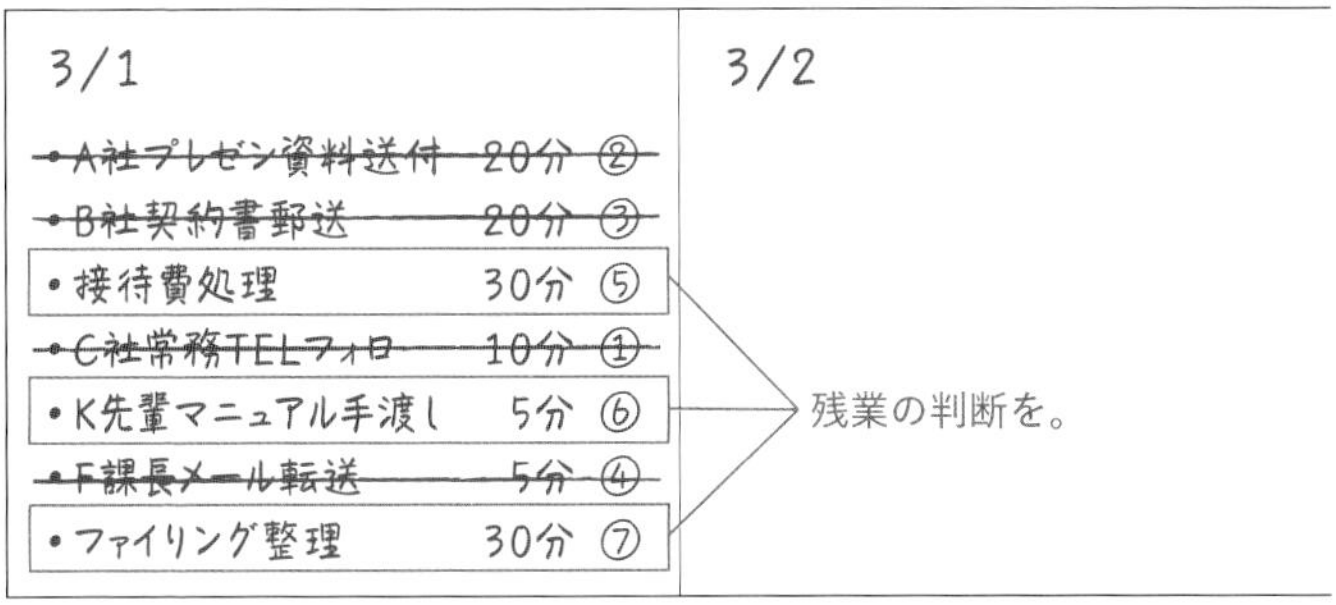
3/1
~~・A社プレゼン資料送付 20分 ②~~
~~・B社契約書郵送 20分 ③~~
・接待費処理 30分 ⑤
~~・C社常務TELフォロ 10分 ①~~
・K先輩マニュアル手渡し 5分 ⑥
~~・F課長メール転送 5分 ④~~
・ファイリング整理 30分 ⑦
3/2
残業の判断を。

⑤
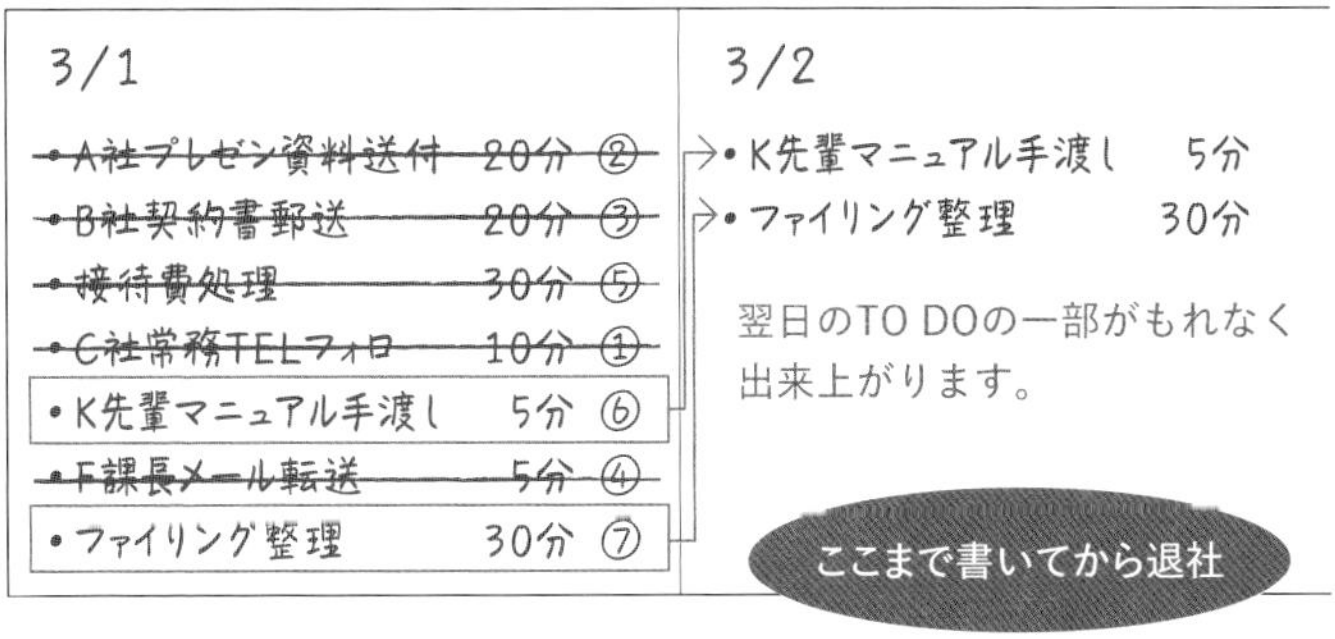
3/1
~~・A社プレゼン資料送付 20分 ②~~
~~・B社契約書郵送 20分 ③~~
~~・接待費処理 30分 ⑤~~
~~・C社常務TELフォロ 10分 ①~~
・K先輩マニュアル手渡し 5分 ⑥
~~・F課長メール転送 5分 ④~~
・ファイリング整理 30分 ⑦
3/2
・K先輩マニュアル手渡し 5分
・ファイリング整理 30分
翌日のTO DOの一部がもれなく出来上がります。
ここまで書いてから退社

26

仕事の順番はこう決める

資料作成や来客対応、プロジェクトの計画立案など大小さまざまな仕事があります。

入社したての頃は仕事の順番をどう決めればいいか悩むことも……。

もちろん上司や先輩に確認しながら着実に進めることが大切ですが、自分なりに適切な順番で仕事を進められるようにしておきましょう。

重要度と緊急度を把握すること

次の5つの仕事があったとしましょう。

①社内人事研修の事前課題（納期7日後）［重要度：低］
②お客さまからの質問対応（納期は特に決まっていない）［重要度：高］
③契約書の押印依頼（納期3日後）［重要度：高］

④上司への社外向けプレゼン資料内容相談（納期2週間後）［重要度：高］

⑤社内他部署へカタログ手渡し（納期5日後）［重要度：低］

次のグラフのように分けることができます。重要度、緊急度の両方が高いものから取り掛かりましょう。

⑴納期は確実に数値で与えるべし

後輩指導をしていると、「納期は決まっていないんですが……」という言葉を聞くことがあります。

納期が決まっていない仕事は後回しにしがち。必ず自主的に納期を設けること。

自分からも率先して「いつまでに終えればいいですか」と納期を確認しましょ

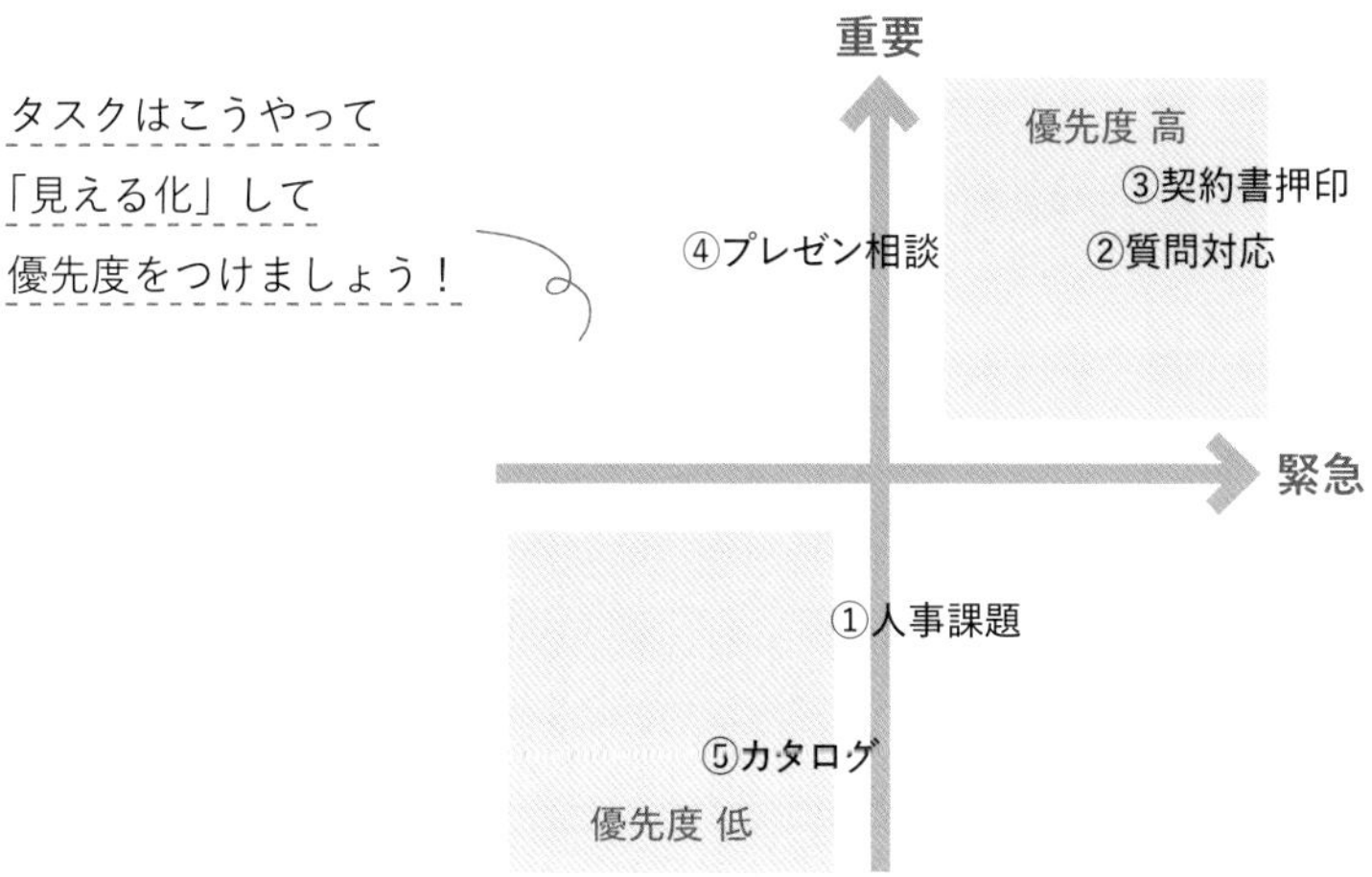

う。

⑵関係者が多い場合は早めの行動を

資料を確認する上司が休みを取る可能性もありますし、急な出張が入ることもあるでしょう。

その業務を完遂するために、複数の関係者がいる場合には繰り上げて仕事をしましょう。

⑶仕事は料理の手順と似ている

例えば料理を作る時、煮込み料理は時間がかかるので先に取り掛かりますよね。

煮込んでいる間にもう一品作ることも……。

仕事もよく似ています。

上司へ③の依頼をしている間に、②のお客さま対応に取り掛かります。

⑤のカタログを空き時間に探しておくのもいいです。

複数の仕事を同時にこなせるように、納期の設定をしたり、関わる人数の多さで重要度を把握したりしていきましょう。

27 美しい文章を書くための心得

社内メールや案内状、報告書……。

毎日どれだけ文章を書いても、どうしても完璧な文章を書くのは難しいですよね。

基本となるポイントは押さえておきたいものです。

同じ文書内で、表現は統一する

半角・全角や文字の大きさを統一することは基本的なことですが、あわせて表現を統一することも重要です。

例えば、「2m」という言葉を同じ文書内で「2メートル」、「二メートル」などと表現を変えないようにしましょう。

一文は短く、を心がける

話と同じように、一文が長いと読み手にも伝わりづらい文書になります。

「〜〜ですが、〜〜〜のため〜〜〜です。」と接続詞が多いと意識が分散します。

「同じ文章に接続詞は1つ」と見返したときにチェックできるルールを。

口語や二重言葉は用いない

ビジネス文書には話し言葉（口語）や二重言葉を織り交ぜないように注意が必要です。

「とっても・すごく」は「非常に」に、「〜じゃない」は「ではない」に換えましょう。

「必ず必須です」は二重の意味を持っていますので「必須です」のみに直すなど、書き終わってから少し時間をあけてチェックすることをおすすめします。

必要に応じてグラフを活用する

グラフは分かりやすい文書や資料を作る上でとても役に立ちます。

・数量が多いか、少ないかなどの単純比較をする場合は、棒グラフ

・数量がどう推移したかを表す場合は、折れ線グラフ
・比率や割合がどうなっているか示す場合は、円グラフ、帯グラフ
・比率や割合の推移を表す場合は、帯グラフ

与えられたデータから、どのグラフが適切かを判断して活用しましょう。

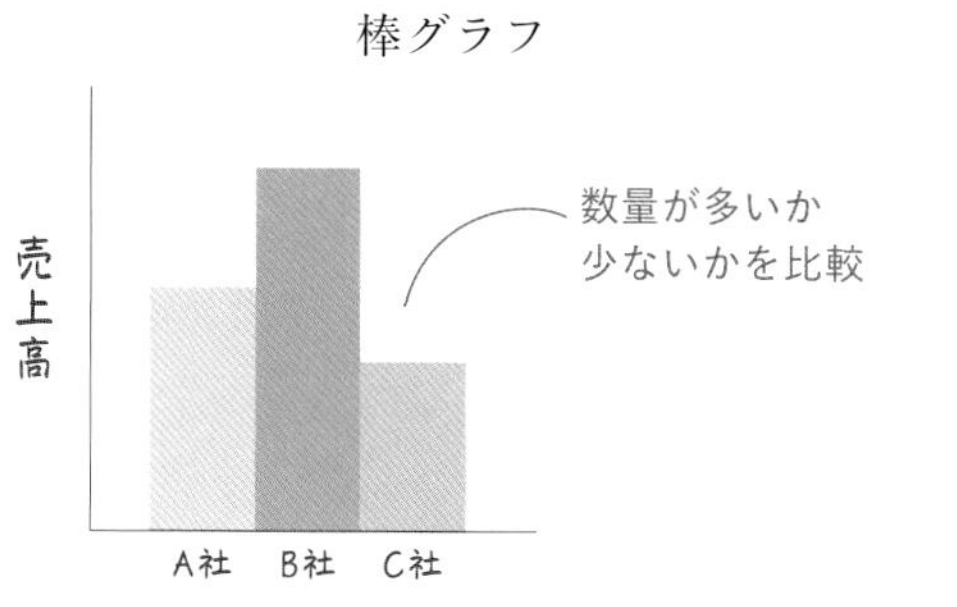

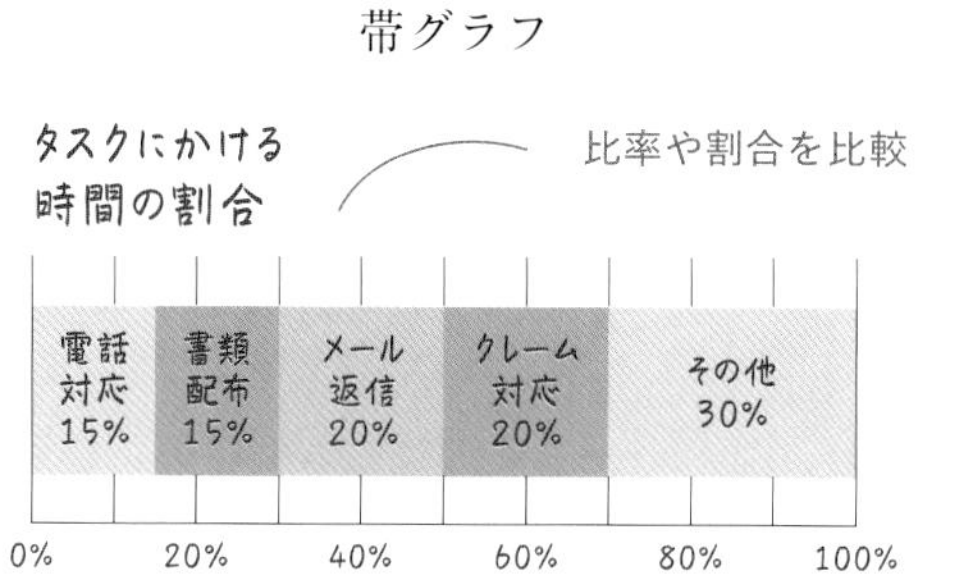

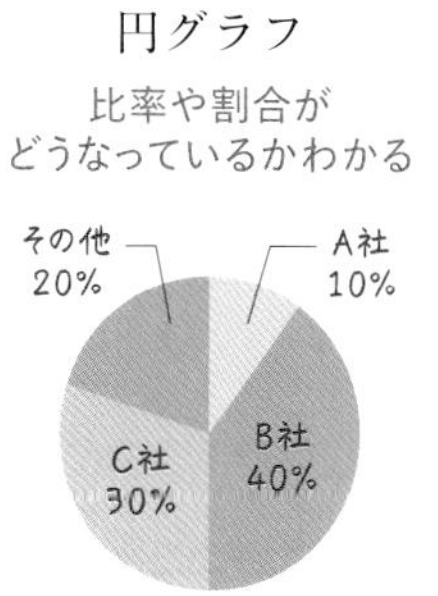

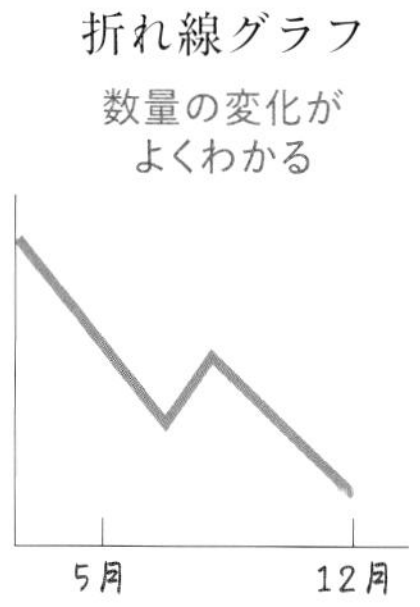

28

「見逃さない」、「溜め込まない」メール術

毎日必ず届いて、送るのがメール。
仕事の大きな要となるメールでもしっかりと効率化を図っていきましょう。
早く、的確にやりとりするためのメール術をご紹介します。

頻出する言葉は辞書登録を

「お手数をおかけいたしますが、どうぞよろしくお願いいたします」「ご査収くださいますよう、お願い申し上げます」などメールで頻出する言葉は、「辞書」に登録しておくと、とても簡単に打つことができて、打ち間違えることもなくなります。

フォルダ分けは抜け漏れなく

フォルダ分けをする場合は抜け漏れなく。

私は社外、社内に分けた後、部署ごとやお客様ごとに振り分けています。

漏れていると受信ボックスで埋もれてしまって気づかない可能性も……。

メールの文章はテンプレートにし、署名はパターン分けを。

「いつも大変お世話になっております。～以上、どうぞよろしくお願いいたします」を含めてテンプレート化しましょう。さらに、署名をいくつか作成しておくと便利。

社内用、社外用、案内用など、場合に応じて複数作成しておきましょう。

重要メールは再未読へ

例えば打ち合わせ後に返信したいメールは読んだ後、未読にしておくと目印になります。すべてのメールに焦って返信する必要はないですが、返さないままにするのはNG。

自分が気づきやすい方法を見つけて工夫を。

29

明日からできる仕事のスピードアップ法

仕事の質も大切ですが、早く的確に仕事をすることも大切です。意識を変えるだけで簡単にできるものを選びました。残業ありきで仕事をしないためにも、ぜひ明日から実践してみてください。

何%を目指す？

いろんな仕事がある中で、求められる完成度もそれぞれ異なります。「100%を目指して時間をかけて報告書をつくったのに、方針が違って一からやり直し……」なんてことも。

例えば、報告書の項目立てをして先輩にチェックしてもらうだけでいいのか、内容まで推敲して渡すべきなのか、必ず仕事をはじめる段階で確認しておきましょう。

集中タイムはいつ？

私は朝と夕方に、頭が冴えて集中できるんです。

その時間には資料作成やプレゼンの構成を考えるなどの頭を使う仕事を割り当てています。

自分のリズムを把握して、効率的に働くのがおすすめです。

電話や相談は3分まで

特に自分から掛けた電話では長く話し込まないように気を付けています。

少しでも時間を取ってしまうと判断した場合は、必ず電話を切り上げて確認を。

例えば、「資料を確認するのに5分ほどお時間をいただきますので、すぐにこちらから折り返しお電話をしてもよろしいでしょうか？」などと伝えると、丁寧です。

報・連・相も、結論から先に述べて可能な限り、分かりやすく簡潔に済ませましょう。

時間を区切って認識すること

私はデスクトップの背景を1時間で変わるように設定しています。

それは、常日頃時間に対する意識を植え付けておくためです。

必ずすべての仕事にタイムリミットを設けて、時間を意識すると良いです。

手を付けにくい仕事ほど、「30分で終わらせるぞ！」と時間を区切るとはかどりますよ。

30 先延ばし癖とおさらばした方法

取り掛かりにくい仕事がはかどらず、残っていること……たまにあります。

先延ばしにして、ギリギリになってからしか手を付けない、まるで夏休みの宿題のようです。

私が先延ばし癖とおさらばした方法を、紹介します。

難しい仕事を簡単な仕事に分ける

先延ばしにする理由の一つに、手の付け方が分からないから敬遠してしまうという理由があります。

例えばプロジェクトの企画書を作成するとき、①文書のテンプレートを作成、②参考になる他の企画書を探す、③目的や概要を考える、④最終チェックなど小さな仕事に分けて、とっつきやすい状況を作ります。

締め切りを2段階設ける

ギリギリまで仕事をしない癖があるのであれば、自主的に設ける締め切りと納期の2つを意識することが重要です。

自主的に設ける締め切りは納期の2日前と設定し、デッドラインをあえて短く設定します。同僚や上司に宣言することも有効。「納期の2日前には一度提出します」と、どんな仕事にも余裕をもって遂行できるラインを自ら設けます。

つまみ食いの理論

依頼されてから全く手を付けていない仕事と、少しだけ取り掛かった仕事、どちらが選択しやすいですか？

途中まで作成した資料や一章だけ書いた論文には、「続きをやらなければならない」という意識が働きます。一つの仕事を80％するのもいいですが、時には4つの仕事を20％ずつ取り組むのも先延ばし防止に良いのです。

先に完成形をイメージしておく

例えば同じ仕事でも、A製品のプレゼン資料なのか、A製品を紹介するパワーポイント10枚程度のイラスト入り提案資料なのか、完成形がイメージできているのとできていないのとでは仕事のしやすさが大きく異なります。

「提案資料を作ってほしい」と頼まれたときこそ「完成形はどんなイメージか先にすり合わせてもいいですか？」とその場で自分が仕事をしやすく段取りしておくと後々楽になりますよ。

31

レスキュー！　こんなときどうする？

ビジネスの場では、思いがけない場面に遭遇し、とんでもなく焦ってしまうことも。

「こんなとき、どうしたらいい？」と、いまさら聞けない対応方法を習得しておきましょう。

「お客様との約束に遅刻するかしないか、ギリギリ！　どうしよう？」

約束の時間に遅れる可能性が1％でもあることがわかった段階で、先方へ電話を！

この連絡は早ければ早いほど良いと心得ておきましょう。どうしようもないこともありますから、正直に状況をお伝えします。

「ある企業の人に連絡をとりたいけど連絡先を知らない！ どうすればいい？」

お会いしたことのない人へ連絡を取りたい場合、まずは社内でツテがないか確認します。なければお問い合わせフォームから問い合わせ、返事を待ちましょう。

「先輩の資料が間違っている、指摘すべき？」

間違っていることに確証をもってから、先輩へ声掛けを。「この数値、セルの参照先が一つずれているようです。確認していただいてもよろしいですか？」と。「おそらく間違えています」とあいまいに指摘しないようにしましょう。

「業務中、私用の電話に出てもいい？」

急用でない限り、基本的には電話は休憩中にとどめましょう。例えば私用の電話対応で10分離席してしまった場合、同日の休憩時間を10分短くするなどで自主的に調整すれば自分もすっきりしますよ。

32

早く正確な文書を作る裏ワザ

報告書や送付状、似たような書類を日々たくさん作るため、WordとExcelを使って管理しています。

仕事の効率があがり、振り返りもできる裏技です。ぜひ試してみてください。

①書類のテンプレート（Word）を作成

例：送付状

送付状を例にテンプレートをWordで作成してみます。

送り先によって変わる部分や日時は空白にしておきましょう。

②入力項目まとめ表（Excel）を作成

Excelで日時や送り先の会社名、氏名、送付物や部数を表にまとめます。

※①で空白にした〝送り先で変わる〟部分を、Excelで代わりに入力するイメージです。

③Word と Excel を紐づける

①と②のファイルを紐づけなければなりません。①のWordの差し込み文書から、宛先の選択↓既存のリスト↓②のExcelファイルのシートを選択。

④Excel の内容を Word に差し込む

①のWordで差し込みフィールドの挿入を選択し、空いた部分に全て当て込んでいきます。

⑤差し込み内容の確認

①のWordの差し込み文書内の「結果のプレビュー」を選択すると、実際にExcelの内容が差し込まれているか確認することが可能です。

① 送付状の作成

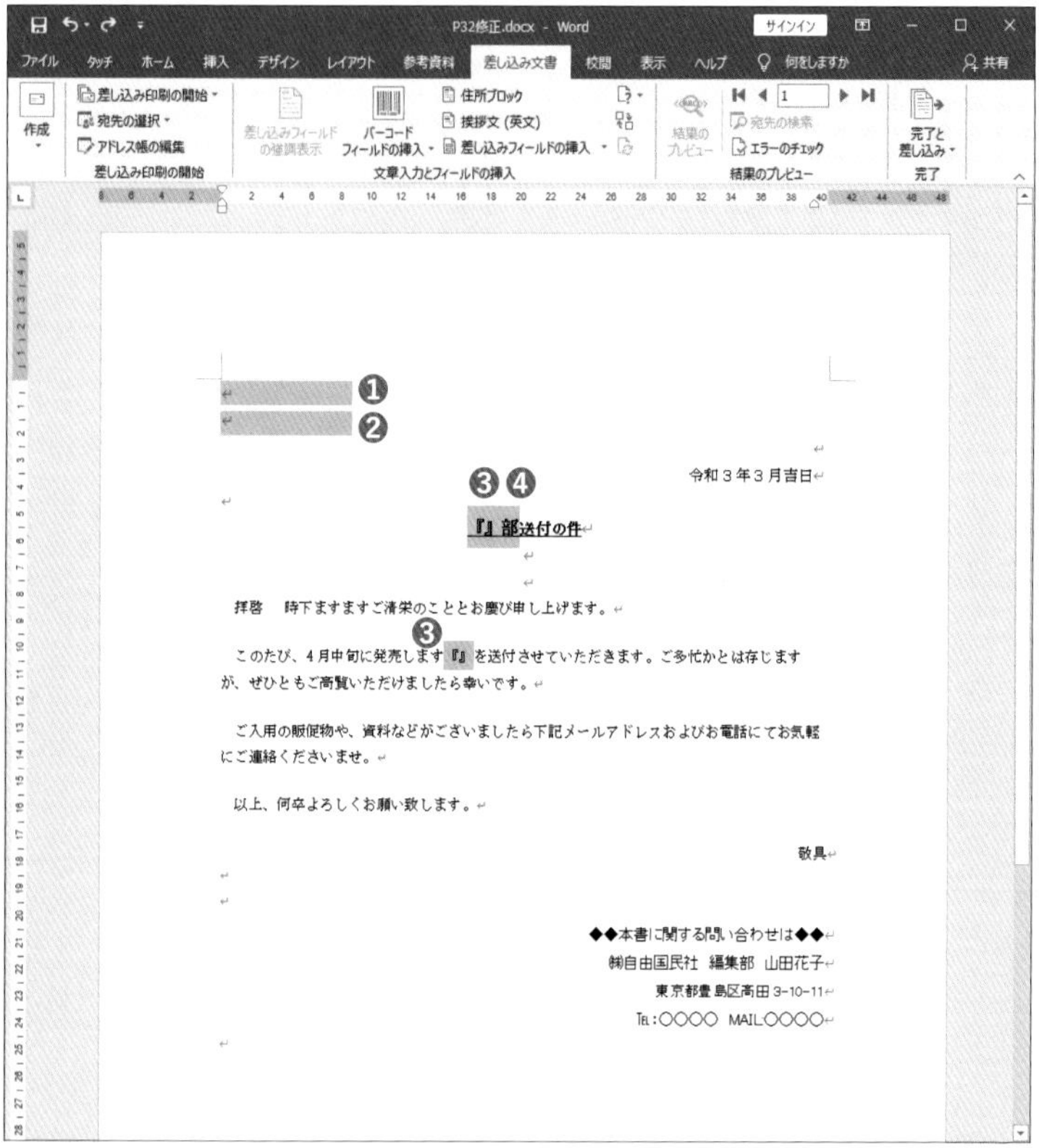

❶社名　❷氏名　❸書籍名（送付物）　❹部数

送り先によって変わるところを空欄にしておきましょう。

② 入力項目まとめ表（Excel）を作成

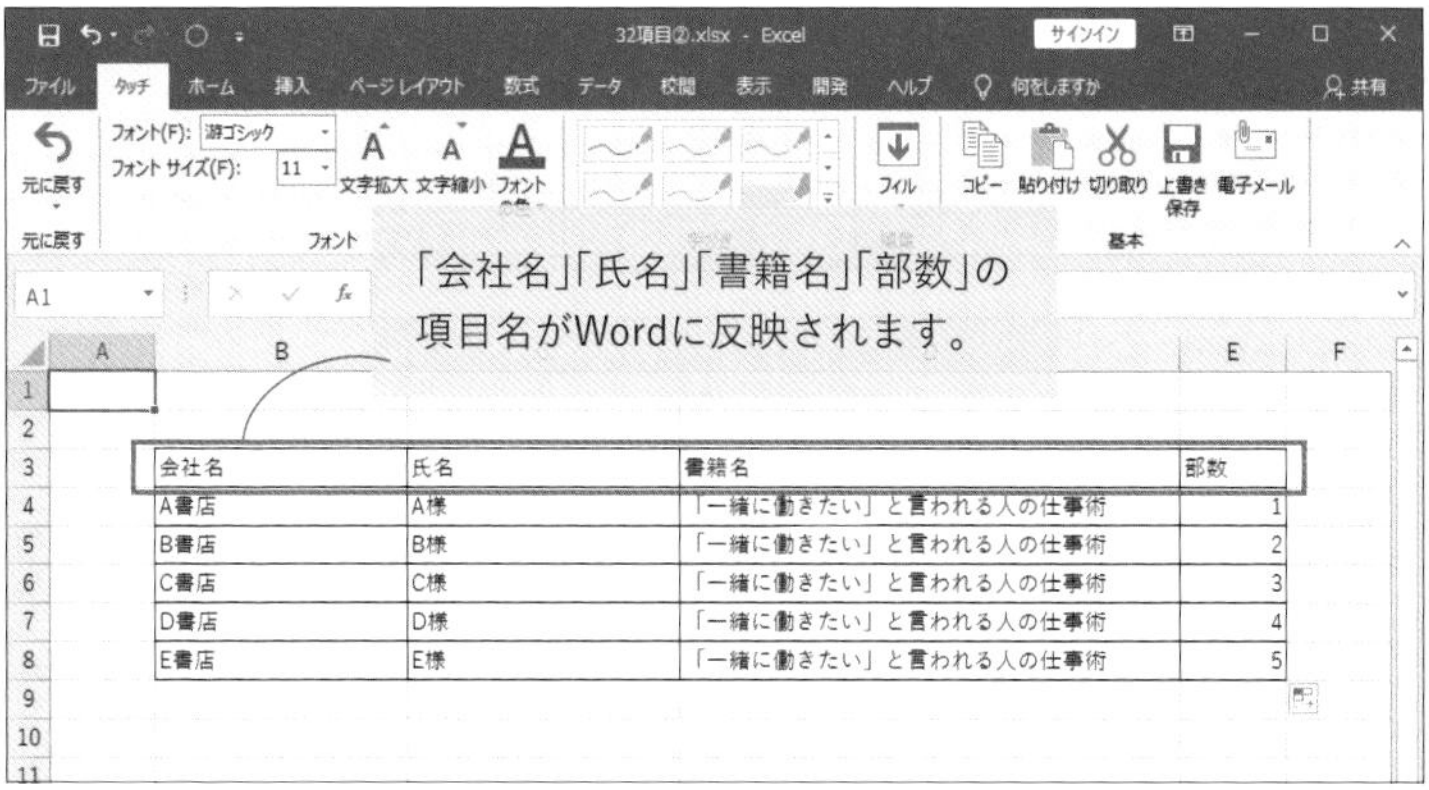

③ WordとExcelを紐づける

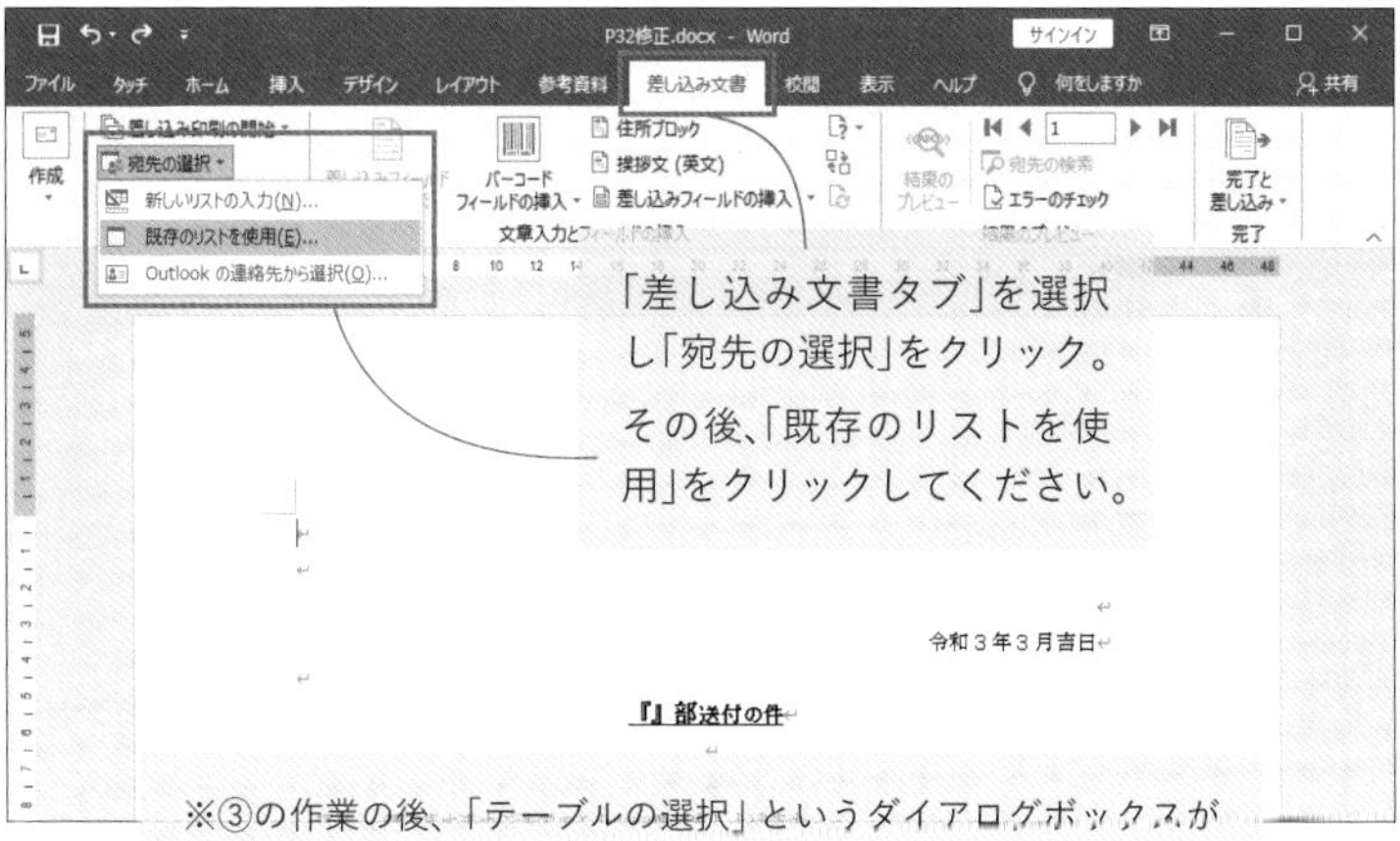

※③の作業の後、「テーブルの選択」というダイアログボックスが出てくるので、OKをクリックしてください。

④ Excelの内容をWordに差し込む

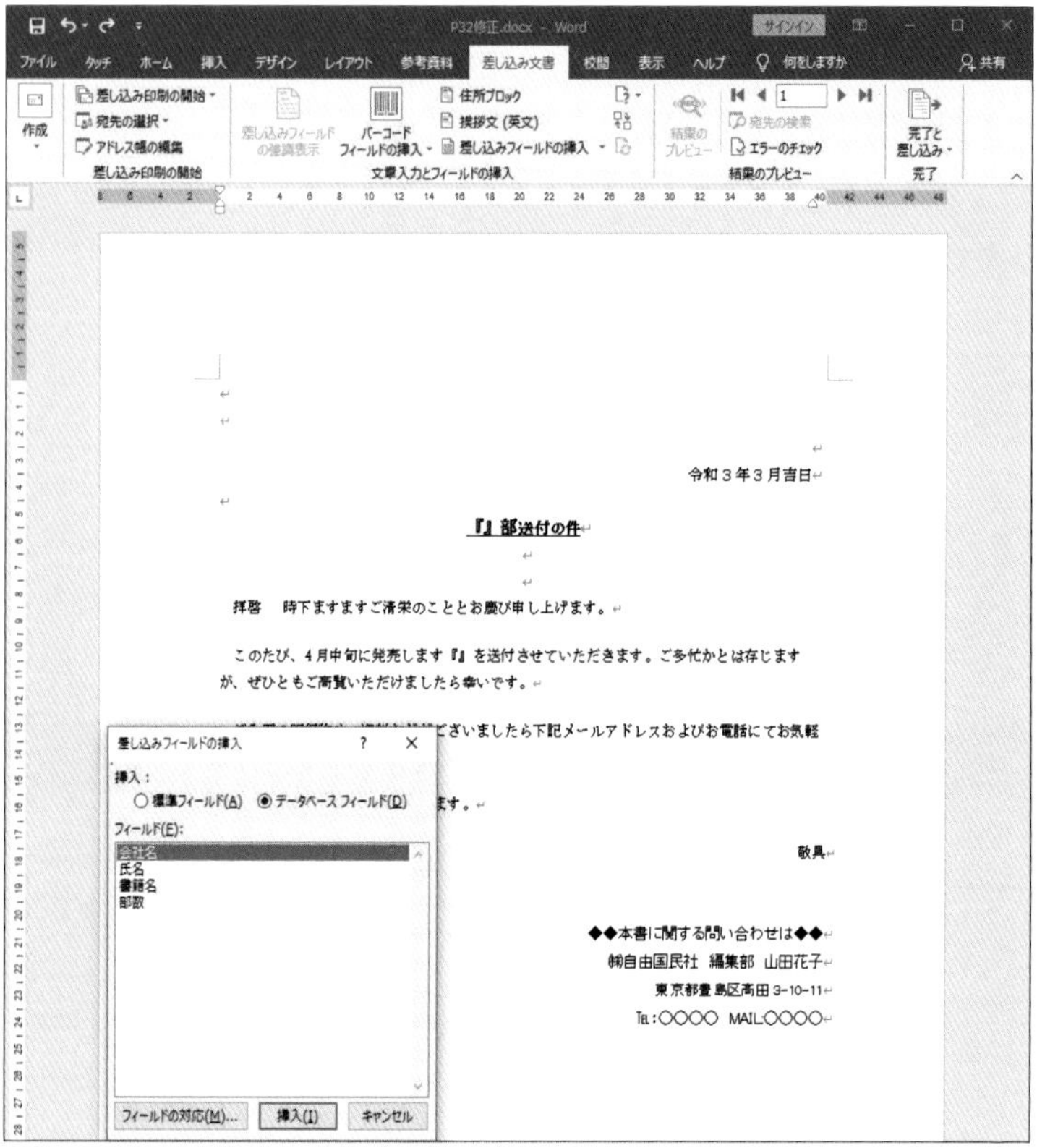

⑤ それぞれの項目を反映

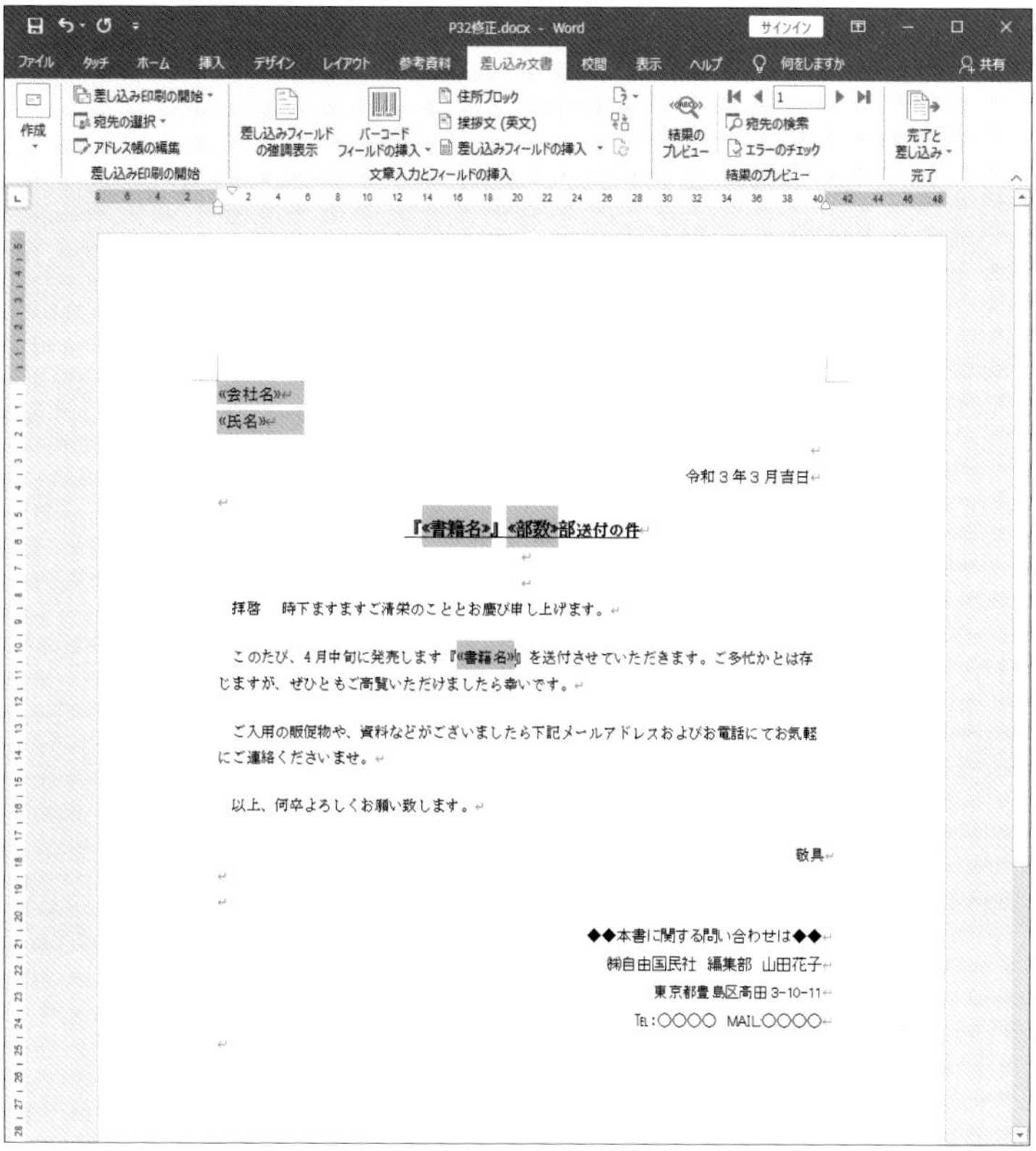

⑥ Excelのデータが反映

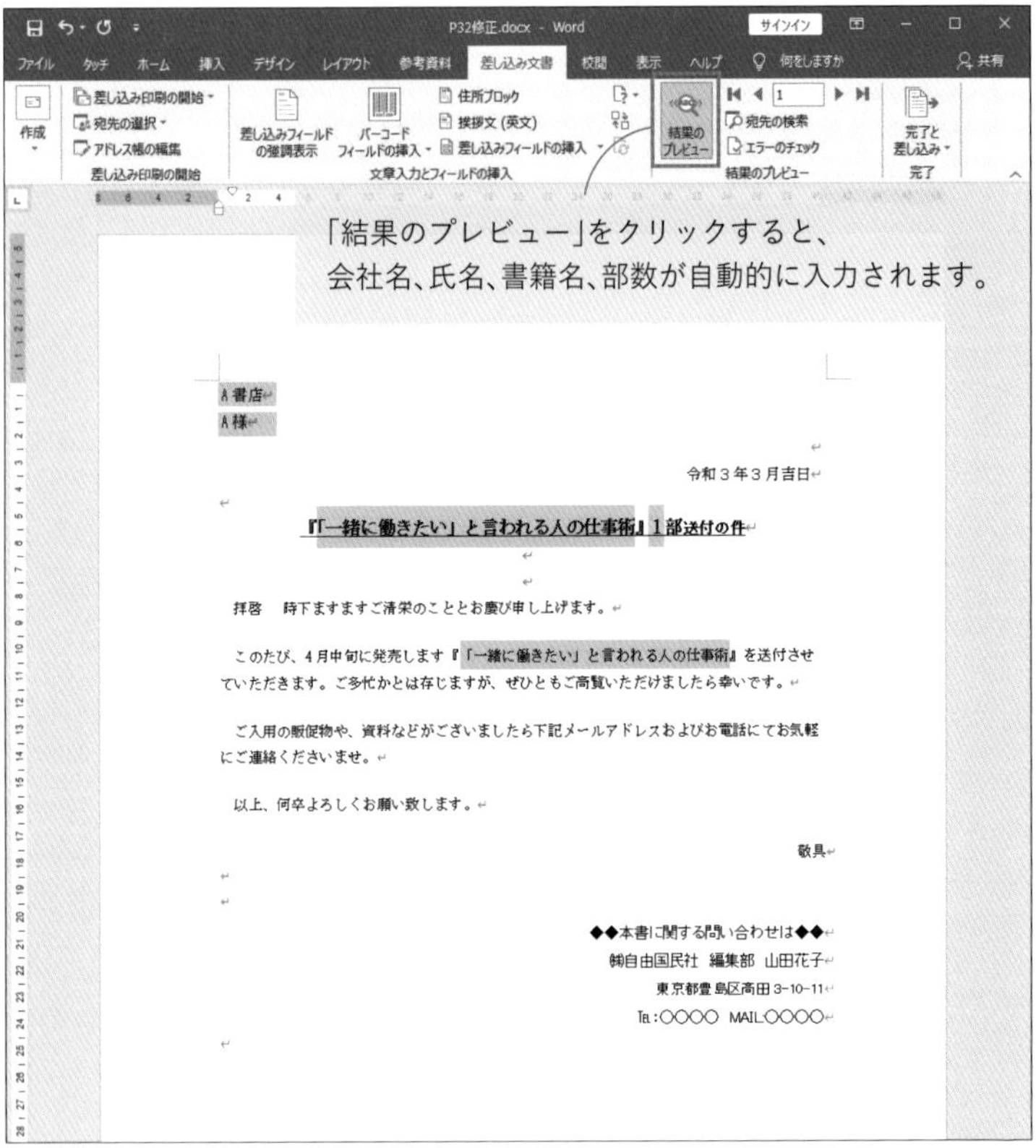

⑦ それぞれの送付先へ

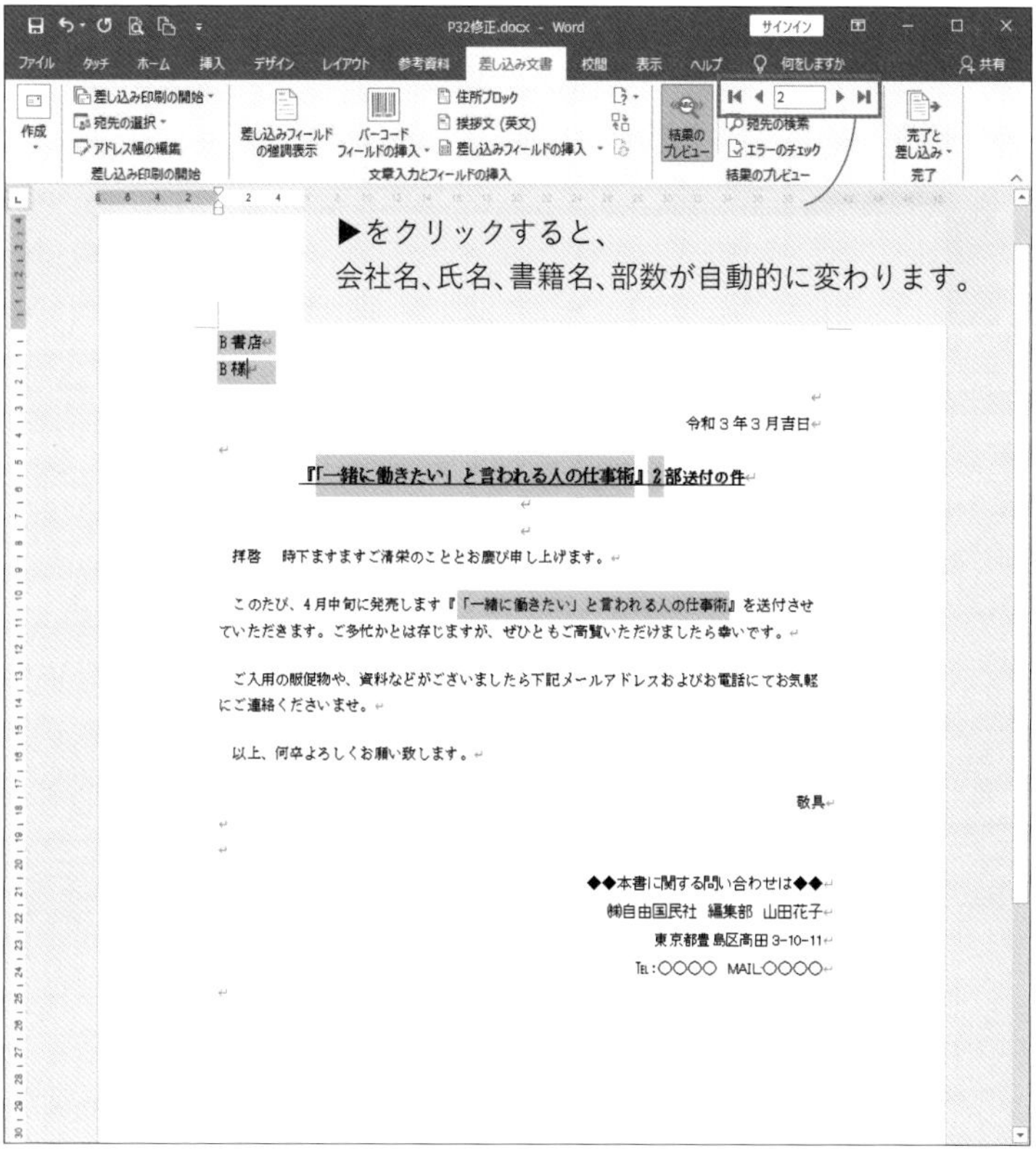

注意！
せっかくExcelで送り先等を入力したので、「昨年はこの資料、何月に送ったかな？」と振り返りができるように入力内容は残しておきましょう。

33

ビジネスメールの心得

急いでメールを送ってしまうと、どうしてもミスをしがち。誤字脱字や添付ファイルの漏れ、敬称の間違いなどは極力避けたいもの。好印象なメールを送るために、まずはミスを減らす一歩から。

署名にチェックボックスをつける

自分の署名の上に、□誤字脱字、□添付ファイル、などの簡易チェックボックスを付けておくと、必ず送る前に目を通すのでミスが減ります。

送る前に必ずチェックして、消して初めて送信するルールにすれば、ぐっとミスが減るはずです。

チェックの後、
最後に消して送信!

□誤字脱字　□添付ファイル

――――――――――――――――――

株式会社自由国民社
山田　花子
TEL:03-○○○○-○○○○
FAX:03-○○○○-○○○○
携帯:080-○○○○-○○○○
HP:http://www.○○○○○○○○

――――――――――――――――――

送信までに一定時間を設ける設定

Outlookの機能に、送信ボタンを押してから実際に送信するまでに、何分かのラグを設定することができるものがあります。

送信ボタンを押した瞬間にミスに気付く、ということもありますので、特に重要事項を送るメールの前には、設定をしておくことをおすすめします。

初めて送るメールアドレスには要注意

口頭で教えてもらったメールアドレスにメールを送る際には、重要書類を送る前にテスト送信をするなどのワンクッションを入れましょう。

名刺と照らし合わせて、逆側から読み上げてダブルチェックをするのも有効。

34

頼み上手は周囲も幸せにする

一人で仕事を抱え込んでしまうことってありませんか？

頼むことは悪いことではないんです。むしろ、頼み方次第で相手も得をすることだってあるんですよ。

誰が頼まれても同じものが出来上がるように

頼み事の基本ですが、あいまいにお願いをしないことが鉄則です。

相手も混乱しますし、成果物が思ったものと違う……なんてことも。

「いつまでに、どの形式で、どういう内容で、頼み事をするのか」を明確に。

また、可能な限り早く取り組んでほしい業務なのか、すきま時間に取り組んでもらうもので良いのか、相手の目線で一言添えるとなおよいです。

億劫だと思わせない工夫

「大体2時間ほどで終わる単純な入力作業です」、「テンプレートがあるので、データをトレースしてください」と、相手の仕事を始めるハードルを下げられるかが頼む側に試されます。

Excelの入力作業では、入力するセルにだけ色を付けておくことや、該当シートだけを表示しておくなどの工夫は相手にとっても時間の削減になりますから。

フォローとリマインドは気持ちを添えて

「昨日頼んだデータ整理の仕事、何かあればいつでも聞いてくださいね」「明日までのファイル整理、進捗どうですか？」とフォローは口頭で。

その際には「お忙しい中本件、進めていただいており、ありがとうございます」「本当に助かります」と感情を添えて素直に気持ちを伝えましょう。

どうだったかを伝えるまでが頼み事

頼み事をして、お礼を言って終わりでは少し物足りません。

「先日の資料、分かりやすいとお客さまにお褒めの言葉をいただきました！」「ファイリングしていただいて、メンバーの探す時間がかなり減りましたよ」とのくらい助かったのか、必ず伝えるようにしましょう。

フィードバックがなければ、役に立ったのかどうか振り返りもできませんし、私がそう言われたらモチベーションもあがります。

35

PCの時短術で仕事をこなす

できる人は、実践しているPCの時短術……。
従来通りの方がやりやすいから、と時短術を実践しないのはもったいない。
どんな人でも使いやすい時短術を集めてみました。

一瞬ですべてのウィンドウを縮小化する

たくさんのウィンドウを開いていて、デスクトップに戻りたい場合には「Win＋D」を押してみてください。一つずつ縮小化ボタンを押さなくてもいいんです。

固まったPC、シャットダウンはちょっと待って

重いエクセルファイルやダウンロード中にPCが固まってしまった場合には、「Ctrl + Alt + Delete」でタスクマネージャーを開きましょう。

悪さをしているアプリだけを選んで右クリックで終了することができるんです。

Excelのグラフを綺麗に貼り付ける

Excelで作ったグラフをその他のアプリにコピー＆ペーストすると、少し崩れてしまうことがありませんか？

グラフをコピーした状態で、貼り付け先（例：Word）のホーム→貼り付け→形式を選択して貼り付け→拡張メタファイルを選択しましょう。

PCが重いときはパフォーマンス優先に

スタート→コンピュータを右クリック→プロパティ→システムの詳細設定→詳細設定タブ→パフォーマンスの「設定」→視覚効果タブ→パフォーマンスを優先するにチェックを。

アイコンの見え方などは劣りますが、この変更でサクサク動くかもしれません。

常に画面を最大化して開く

アプリを起動するときに、小さなウィンドウで開いていちいち最大化するのが面倒くさいときがあります……。

そんなとき、スタート↓Windowsアクセサリ↓アプリを右クリック↓その他↓ファイルの場所を開く↓プロパティ↓ショートカットタブにて「実行時の大きさを最大化」に変更。

Excelでカーソルを瞬間移動

セルを編集中に、上下キーを押すと先頭や最後尾に飛ぶことができます。

セルを選択中に、Ctrl＋矢印キーでデータが連なっている一番端のセルまで瞬間移動もできますよ。

図形の拡大・縮小はキーとともに

図形を引き延ばしたい場合、CtrlやShiftを押しながら操作をすると便利。

縦横比率をそのまま維持したい場合はShiftを押しながら操作。

中心の位置をそのまま維持したい場合はCtrlを押しながら操作。

どちらも押すと両方維持することができて便利です。

スライドショーを一瞬で立ち上げる

PowerPointを起動してすぐにスライドショーを始められる裏技です。

対象のPowerPointのファイルを名前を付けて保存する際に、ファイルの種類を「PowerPoint スライドショー」にして保存しておくだけです。

プレゼンの当日はこのようにしておくと時短になります。

シャットダウンのショートカット

毎日シャットダウンをするのに、何度もマウスを動かすのは非効率的。

シャットダウンのショートカットキーを覚えておくと便利です。

Win＋U→U→Uでシャットダウンができます。

デスクトップに付箋を

咄嗟に電話がかかってきて、手書きでメモするよりもパソコンに打った方が早いとき。

デスクトップ上に付箋を貼ることができます。

「Sticky Note」というアプリを使えばデスクトップにメモを貼れるんです。

ＴＯＤＯリストとして活用してもいいですね。

Ａ４の資料２枚をＡ３の資料１枚にして印刷したい

Ａ４縦の書類を並べて、Ａ３横の書類として印刷したい場合には、ファイル→ページ設定→用紙サイズ→Ａ３、横→余白→袋とじをチェック。覚えておくととても便利な小技です。

ダウンロードした資料、すぐ編集できるように

特にダウンロードしたファイル、「編集を有効にする」ボタンを毎回押して編集していませんか？

「編集を有効にする」ボタンを表示させない設定ができるんです。

ファイル→オプション→セキュリティセンター→セキュリティセンターの設定→保護ビュータブから保護ビューのチェックを外す。

資料のやり取りですぐに編集したいときだけに、設定しておくと便利です。

自動保存の間隔を変更しておく

突然のフリーズで文書や資料を保存する前にアプリが終了してしまうことも……。

そんなときのために、ファイル↓オプション↓「次の間隔で自動回復用データを保存する」の項目から、自動で保存する時間の間隔を短くしておくことができます。

この設定をしておくか、していないかで仕事のやり直しが格段に減ります。

写真の容量を小さくしたい

手っ取り早く容量を小さくするには、ペイントで画像のサイズ変更をすることがおすすめ。

画質は落ちますが、それでもいいという場合には画像自体のサイズを小さくして容量も縮小化を。

作ったファイルをアイコン化して分かりやすく

Excel や Word、PowerPoint のアイコンがすべて同じアイコンではすぐに開きたい資料が見つからない場合も。

名前を付けて保存→縮小版を保存するにチェックを入れれば、作った資料の縮小版がアイコンになるんです。

よく使うフォルダはピン止め

時期によって、よく開くフォルダがあったり、特定の資料を何度も見る必要があったりしますよね。

そんな時はフォルダ名を右クリックし、「クイックアクセスにピン留め」を選択します。

厳選してピン止めしておくと時短になりますよ。

フォルダ名はルールで名前をつける

「a足立区、s新宿区」と頭文字のイニシャルで統一する方法や、「201023提案資料、201109プレゼン資料」と日付で揃える方法など一定の規則に基づいて名付けると探しやすいです。

頭文字のキーを押すとそのフォルダに飛べるので、ぜひ実践してみてください。

36

PCのタイピングが速くなるコツ

ブラインドタッチができるようになるまで時間がかかりました……。

私なりに、「その方法とてもいいね」と褒められたことを紹介します。

早い変換の仕方を知る

例えば「↓」という矢印を打ちたい場合、「やじるし」と打つより「した」と打つ方が時短です。「→」や「←」と間違えることもないです。

「※」も、「ほし」や「こめ」などいろいろな変換方法がありますので自分が最もスムーズに変換できる方法を選んでみましょう。

ユーザー辞書への単語登録は抜かりなく

変換して出てこなかった言葉は、自身でユーザー辞書に登録しています。

毎回変換しなおすよりも、ユーザー辞書に登録する方が早いです。

特に人の名前や会社名は辞書登録して自動変換できるようにし、ミスをなくしましょう。

指の定位置を決める

キーボードのFとJのキーには両手の人差し指を置く目印がついていることがあります。

右手と左手の指でどこまでのキーを押すか、分担しておくと早く上達しますよ。

時間がある時はコピペをやめる

転記する際、思わずコピー&ペーストしてしまいがち……。

時にはブラインドタッチの練習で文字を打ち込んでみるのも練習になります。

特にワードで練習すれば間違いがある時に波線で指摘してくれるのでおすすめ。

私が良く使うショートカットキー5選

「ALT＋←→」

マウスを動かしてウィンドウを切り替えていた手間が大きく省けました。


「Ctrl+1」

通貨や時間など、特にExcelで表示する書式を変更したいときに便利です。


「Win+Shift+S」

画面中の一部を切り取り、コピーまでしてくれる優秀なキー。一日に4～5回使います。


「Ctrl+Shift+↑↓」

数千行あるExcelのセルでは、一気にセル選択できて、とても役に立ちます。


「F5」

このキー1つあれば、押すだけでメールボックスを更新できるんです。もちろんブラウザも。

明日から使える PCの時短技

ショートカットキー一覧

Ctrl系統

1	Ctrl + 1	書式設定
2	Ctrl + A	すべて選択
3	Ctrl + B	太字
4	Ctrl + C	コピー
5	Ctrl + D	複製
6	Ctrl + F	検索
7	Ctrl + H	置換
8	Ctrl + I	文字を斜めに
9	Ctrl + N	新規作成
10	Ctrl + O	ファイルを開く
11	Ctrl + P	印刷
12	Ctrl + S	上書き保存
13	Ctrl + U	文字に下線
14	Ctrl + V	貼り付け
15	Ctrl + X	切り取り
16	Ctrl + Y	直前の作業の繰り返し
17	Ctrl + Z	元に戻す

Win系統

1	Win + D	デスクトップを表示
2	Win + E	マイコンピュータを表示
3	Win + F	ファイルの検索を開く
4	Win + I	設定を開く
5	Win + L	画面をロック
6	Win + W	設定の検索を開く
7	Win+Shift+S	画面の切り取り
8	Win +←→	画面分割

Alt系統

1	Alt + Tab	ウィンドウ切り替え
2	Alt + F4	ウィンドウを閉じる
3	Alt + Esc	次の画面を表示
4	Alt +←→	1ページ進む/戻る

F系統

1	F2	ファイル名の変更
2	F5	画面の更新
3	F12	名前を付けて保存

エクセルで使える機能

1	Ctrl + 9	セルの非表示
2	Ctrl + ;	今日の日付を入力
3	Ctrl + Home	最初のセルへ飛ぶ
4	Ctrl + End	最後のセルへ飛ぶ
5	Ctrl + PGUP or PGDN	シートを移動
6	Ctrl + Shift + +	セルの挿入
7	Ctrl + Shift + 6	罫線をつける
8	Ctrl + Shift + ↑↓	セルを広範囲で選択

※ Windows 10で試したものです。他のバージョンでは異なる場合がございます。

37

デキる人が身に着けている「省き力」

デキる人は仕事の効率化を自然に身に着けています。

特に、「省き力」。仕事に応じてある程度不要なものを省くことができれば、時短にも仕事の質を高めることにもつながります。

メールを備忘メモとして活用する

「では、次週お打合せをお願いいたします」という一文。

「では、次週水曜日17：00に3名でお伺いいたします」と詳しく記載しておくだけで自分用の備忘メモに早変わり。相手にもスケジュールの再確認を促すことができます。

対象外の人にだけ、入力させる

「このExcelに出欠を入力してください」では、期限までに入力を終えない方が複数いるかも。対象人数が多すぎると時間も労力もかかりますよね。

「出欠表を作成いたしました。欠席の方のみ『欠』を選択してください」と、対象人数を一部に絞り、出席前提で記載をしておくのがおすすめ。

　自分を含む多くの人の時間と手間を省けるので、時と場合に合わせて活用しましょう。

周囲の仲間の時間も省く

「この作業、後輩も今日締め切りで依頼されているな」と思えば気づいた瞬間に声掛けを。「終わったら私から合わせて課長に完了報告しておくよ」と、後輩が同じメールを送信するのを避けることができます。

頻度の高いものは定型化する

「本日はお打ち合わせをありがとうございました」「打ち合わせをご予定ください」という、週に何度も発生するメール案内。

【依頼】【御礼】【打ち合わせ】【案内】……用途に応じて定型文を登録しておきましょう。

会議、打ち合わせ、雑談を使い分ける

会議として議論をするか、軽いミーティングとして席で話すか、事前に重要度に応じて形式や目標所要時間を決めておきます。そして、早く終われば切り上げます。30分時間を取っているからといって、時間いっぱい会議をする必要はありません。

自席付近でのちょっとした報告では、「簡単な報告なので（作業をしながら）そのまま、聞いてください」と相手の時間を奪わないように配慮すると好印象です。

38

30分早く帰る、必ずなくすべき3つのムダ時間

一日の仕事時間のうち、ムダだな……と思う時間はどれほどありますか？
例え一日に数分だとしても、年間何時間ものムダ時間が発生しているんです。
明日から3つのムダ時間をなくして、残業時間を減らしましょう。

ムダ時間　その①　重なり時間

重なり時間とは、一人のＰＣ作業を複数人でただ眺めている時間や、自分が印刷した資料を他の人も印刷していた時間などの〝同じことが重なってしまった〟時間のこと。

「作業が終わり次第、またお声がけします」「本日の資料は私で人数分用意します」と一言声掛けしておけばムダ時間が発生しません。

〝かもしれない〟を想定して、先回りしておきましょう。

ムダ時間　その②　探索時間

あの資料、もう手渡したっけ？　それとも私が持ったまま？　と、あるかどうか分からないものを「当てもなく探す」時間はとにかくムダです。

誰かにもらった資料や、誰かに渡さなければならない大事な資料は「授受したこと」を必ずメモしておきます。場合によっては相手から受け取りサインをもらうように。

また、二度探した資料は必ず三度探すもの。探したものはファイルにインデックスを付けて保管しておきましょう。

ムダ時間　その③　やり直し時間

やり直しの時間はその名の通り。

資料が出来上がったと思って印刷してみたら、日付だけ直し忘れて再度印刷をやり直し……。ページ番号が抜けていて同じ資料を送り直し……。

直しが発生する可能性がある資料は、ホチキス止めでなく、クリップ止めにしておくなど自分で差し替え時間の短縮を心がけています。

資料に関して、ページ番号やお客様名、日付や題名が合っているか確認するための〝印刷前チェックシート〟を運用しましょう。自分だけでなく、チームで運用できると全体の効率化にも貢献できます。

#印刷前チェックシート

「✓」をつける所も色をつけておくことで、
確認漏れをなくせます。

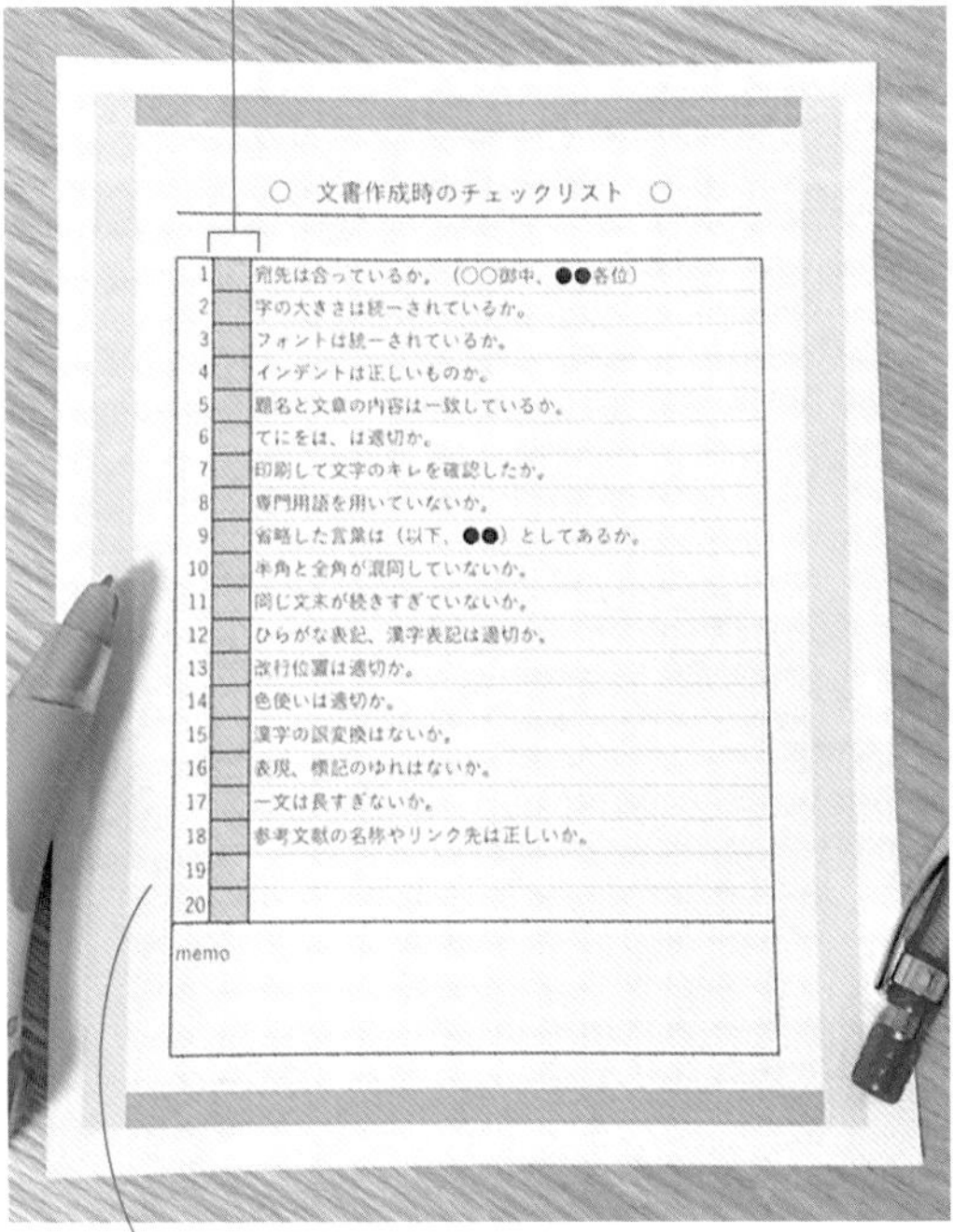
○　文書作成時のチェックリスト　○

1		宛先は合っているか。（○○御中、●●各位）
2		字の大きさは統一されているか。
3		フォントは統一されているか。
4		インデントは正しいものか。
5		題名と文章の内容は一致しているか。
6		てにをは、は適切か。
7		印刷して文字のキレを確認したか。
8		専門用語を用いていないか。
9		省略した言葉は（以下、●●）としてあるか。
10		半角と全角が混同していないか。
11		同じ文末が続きすぎていないか。
12		ひらがな表記、漢字表記は適切か。
13		改行位置は適切か。
14		色使いは適切か。
15		漢字の誤変換はないか。
16		表現、標記のゆれはないか。
17		一文は長すぎないか。
18		参考文献の名称やリンク先は正しいか。
19		
20		

memo

ミスをした事項を
付け足していきましょう。

column 03

褒められたこと5選

1　メールでCCの方々に配慮した

他部署にお願いメールや報告メールを送る際、CCの方々には送る前に概要をお伝えしておきました。「聞いてないよ」と言われないためにした工夫ですが、小さな配慮を褒めてもらいました。

2　特技を生かした議事録の作成

タイピングが得意な私はオブザーバーとして参加する会議では頼まれていなくても簡単な議事録を取るようにしています。特に会話をそのままメモするように記していたら「あやふやな部分を見返せて助かったよ」と褒めてもらえました。

3　探しやすいメールの件名にする

【アンケート関連】【コンプラ周知】など、関連するメールを定期的に送る場合は、自分も相手も遡りやすいように統一性をもたせました。毎回件名を考える手間もなく、一石二鳥でした。

4　リモート会議では事前準備を怠らない

回線の影響を受けやすいリモート会議では必ず事前に2つの媒体から会議に参加して音声や映像の確認を。

画面共有時には「映像共有時はカメラをオフにしますね」とスムーズな進行を優先するための配慮などを、参加者から褒められました。

5　休みの予定を事前に伝える

数日間お休みをする場合は、約10日ほど前からメールの署名欄にその旨を記載しました。また、「電話がかかってくるかもしれない」お客様には前もってこちらからフォローを。同僚には万が一の連絡先を伝えておきました。

4章

美容&メンタルのコツ

大人なんだから
内面と外見、欲張りにどちらも磨いて充実したい。

39

1日のルーティン

営業系ＯＬの私は、外出がメインの日、内勤がメインの日、そして接待がある夜もあります。

ＯＬのルーティンについて、少しだけお見せします。

起床〜出社

１分１秒でも長く寝ていたいので、可能な限り時短を目指しています。

オールインワン、と名の付くケア用品は手放せません。

朝ごはんは会社についてから食べることも……。

午前〜お昼休憩

まず一番にメールチェックを。メールを確認するとＴＯ ＤＯが増えることが

私のとある1日

8:00	起床
8:30	メイク、着替え、ゴミ捨てなど
9:30	出社
9:45	メールチェック、TO DO確認
10:30	打ち合わせ
11:00	資料作成
12:00	外出、外でランチ
13:00	取引先に訪問
14:30	帰社
16:00	打ち合わせ

［通常］

17:00	後輩の資料チェック
18:30	スーパーへ寄って帰宅
19:00	簡単に夜ご飯を作る
20:00	Instagramチェック
21:00	Instagram更新
22:00	動画を観ながらのんびり
23:00	お風呂、スキンケアなど
24:00	資格の勉強をして就寝

［接待の日］

17:00	退社
17:40	お店に到着
18:00	接待開始
20:00	二次会会場へ確認電話
20:30	二次会会場へ誘導
22:30	解散もしくは三次会へ
24:30	接待内容をメモして、 ぐったり就寝

多いので、ＴＯＤＯリストを作成します。

朝は頭がさえているので集中して資料作成をしています。

お昼休憩中

外出は移動時間が伴うので、なるべくお昼時間を活用するか直行直帰にしています。

会社でお昼休憩をとる時は、20分ほど資格の勉強をすることもありますよ。

お昼休憩～午後

商談内容を上司へ報告したり、打ち合わせに参加したりします。

後輩指導にも多くの時間を使って、時には一緒に現場に行くことも。

ＴＯＤＯは都度状況によって変わるので、何度か書き換えて頭の整理をしています。

退社～

定時で帰ることができた時は簡単な料理をすることも。

2日に1回ほど21時を目処にInstagramを更新します。

朝に手入れの時間が短い分、夜のヘアケアやスキンケアは少し時間をかけてじっくりと。

動画を観ながら寝てしまう夜も……。

接待の夜

接待の日は、思わず楽しくて三次会までご一緒することもあります。

目的は忘れずに、接待中のメモはこっそり席を立って書き留めていますよ。

40

仕事で使える１００均グッズ

いろいろなオフィスグッズがありますが、高価なものを使えばいいわけではありません。

特に、最近の１００円均一のグッズには仕事に使えるアイデア商品もたくさん！

ラベル用マスキングテープ

キッチンコーナーで見つけたこちらのマスキングテープ。

クリアファイルに「いつ、だれに提出する資料」か記載して貼れば整理整頓の一助に。

一緒に締め切りの日付も書き込めるのが嬉しいんです。

ホワイトボードノート

書いてすぐに消せるホワイトボードノートは絶対買いの一品。ＴＯ ＤＯリストや不在の表示、打ち合わせでも小さなホワイトボードに早変わり。

汎用性がとっても高いので、どんな方へもおすすめ。

メッセージカード

小さなメッセージカードは一言気持ちを添えるのにぴったり。

立て替えていただいたお金をお渡しする時や、お土産を渡すとき……。

付箋以上に丁寧に言葉を伝えることができるので携えておきましょう。

アクセサリーボックス

お気に入りのアクセサリーやヘアゴムを持ち歩くのに最適です。

会社でアクセサリーをなくしてしまうと探すのが難しいので、大切なものを入れるのにぴったり。

仕事で使える「100均グッズ」はこんなにたくさん！

❶
ホワイトボード用ノート
打ち合わせにも
TO DOリストや
不在の表示にも
使える！

❷
メッセージカード
気持ちを
添えるのに
ピッタリ！
山田さん、
いつもありがとう
ございます

❸
ラベル用マスキングシール＆スティックシール
クリアファイルに
「いつ、誰に提出する資料」か記載して
貼れば整理整頓の
一助に！

❹
アクセサリーボックス
アフター5で
“着けたい”
アクセサリーを
入れておくのに
役立ちます

#メッセージカード

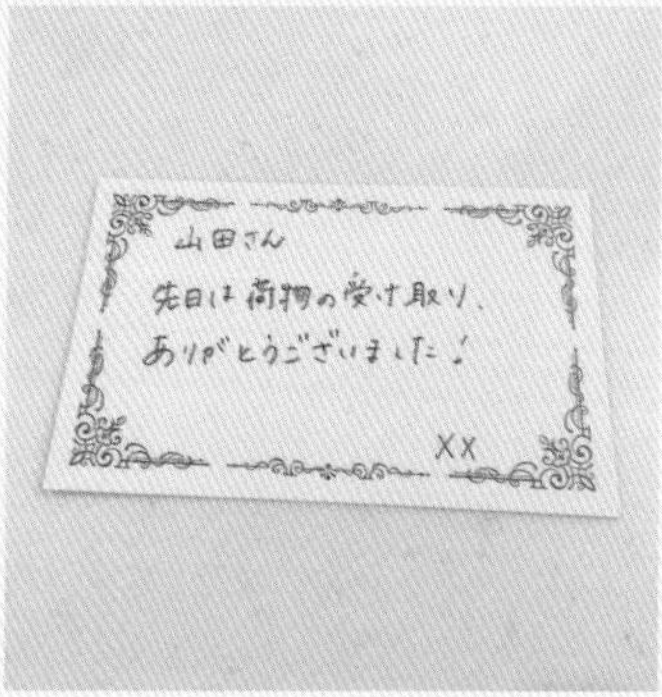

#ホワイトボード用ノート

ここで紹介するものの他にもあなたのビジネスライフに合うものがあれば、是非活用してください♪
おすすめのものがありましたら『#「一緒に働きたい」と言われる人の仕事術』を付けてInstagramに投稿くださるとありがたいです！

#ラベル用マスキングテープ

41

OLの美容事情

なかなか人には聞きづらい脱毛やホワイトニングなど、働き女子の気になる美容事情……。

私の場合、社会人になってから始めたものも多いんです。

実は学生時代から始めておけばよかったと後悔するものもありました。

気軽に楽しめるセルフネイル

気が向いたときに、好きなデザインのネイルが楽しめるように、私はセルフネイル派。

ネイル用品は１００円ショップでも購入できますし、単色ネイルならはじめて試す人にも簡単でおすすめです。

１週間ごとにデザインを変えると仕事のモチベーションアップにもつながりま

す。

脱毛は自宅で手軽に

手元を見られる機会が多く、自分でも気になっていた脱毛……。

私はお店に通って美容脱毛の効果を感じられたので、その後は自宅で脱毛器を購入して継続することにしました。

初期の費用こそかかりますが、気づいたときに自宅で気軽にできておすすめです。

入社して始めたホワイトニング

日々たくさんの人と接する機会が多く、自信をもつためにホワイトニングを始めました。

買い物の待ち時間に、20分ほどサロンに寄っています。

痛くもなく、きれいになっていく様子が分かるので、お金をかけて良かった美容の一つです。

ダイエットはユーチューブで

昔はジムに通っていたこともありますが、働きながらの毎日ではなかなか続かず……。

その後はユーチューブのヨガ動画や筋トレ動画をマイペースに実践しています。休日はリモートで友人と時間を決めてトレーニングをするとより一層効果があります。

42

TO DOを管理するおすすめグッズ

私は一日にTO DOを3回書き換えます。
朝のメールチェックをした後、お昼過ぎ、退社前の計3回です。
たくさん発生する業務を抜け漏れなく遂行するためのおすすめグッズをご紹介します。

無印良品のマスキングテープ

ミシン目がはいったマスキングテープはどこでもTO DOリストを作成できる優れもの。

手帳にもノートにも即席TO DOリストを作成できるので、仕事を漏らすことも減りました。

カインズのＴＯ ＤＯ付箋

私が使っているのはホワイトの付箋ですが、珍しいクラフト紙バージョンもあるんです。

ビジネスで使うＴＯ ＤＯ付箋はシンプルなものに限りますよね。

手帳の中でおしゃれにＴＯ ＤＯ管理することができて、たっぷり書き込めるのが嬉しいポイント。

コクヨのＴＯ ＤＯ付箋

スリムでグリッド線が入っている付箋。

「こんなの欲しかった」と複数ストックしています。

アイデアと一緒にＴＯ ＤＯを書き込むことができるので、思いついた図やイラストも一緒に書きこんで使っています。

TO DOを書き換えるタイミングは？

1 朝のメールチェック後

朝何通かメールをチェックすると、きっといくつもTO DOが発生するはず。

メールを見て“対応した気”になってしまわないように、TO DOリスト片手にメールチェックをしましょう。

2 お昼過ぎ

ちょうど業務時間が半分過ぎたころに一度進捗確認を。

小さな業務も漏れなく記載できているかどうかチェックします。

3 退社前

明日の朝、どんな業務をする必要があるのか、一番明確に分かるのは退社前の自分。家に帰って寝てしまうとどうしても思い出せないこともありますよね……。

必ず退社前に翌日のTO DOを書き並べて帰るのが日課。

特に金曜日の夜は、次週の月曜日にするべきことを漏れなくまとめておきます。

#無印良品のマスキングテープ

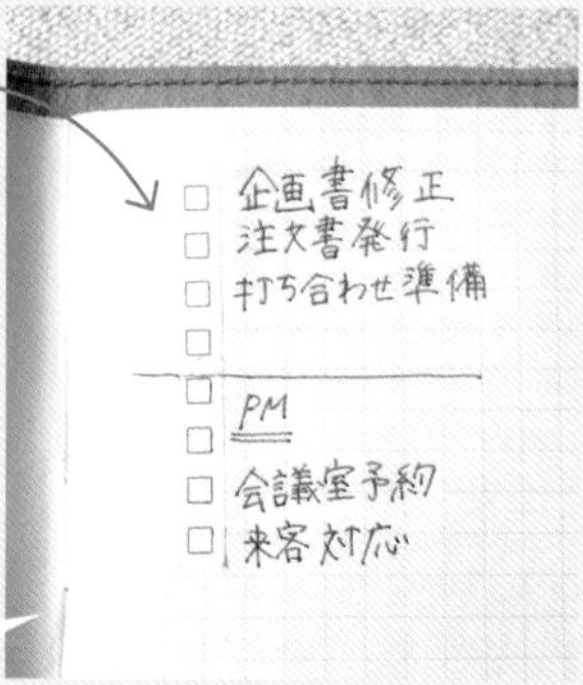

切り取り線付きで長さ調整も簡単。TO DOリストの追加やちょっとしたメモに便利です。

#コクヨの TO DO 付箋

小さな手帳やメモ帳にTO DOリストを記載したい時は、カットして貼ってはがせるコクヨの付箋がおすすめ。

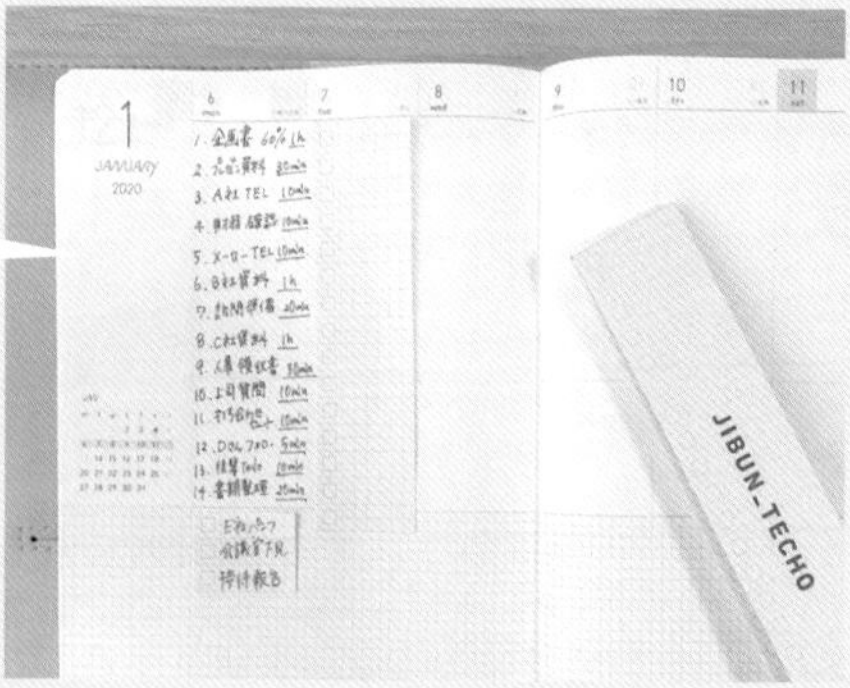

#カインズの TO DO 付箋

スケジュール管理しやすい１日（TO DOリスト）付箋です。
B5ノートに貼りやすいサイズにこだわりました（２列に貼れます）。

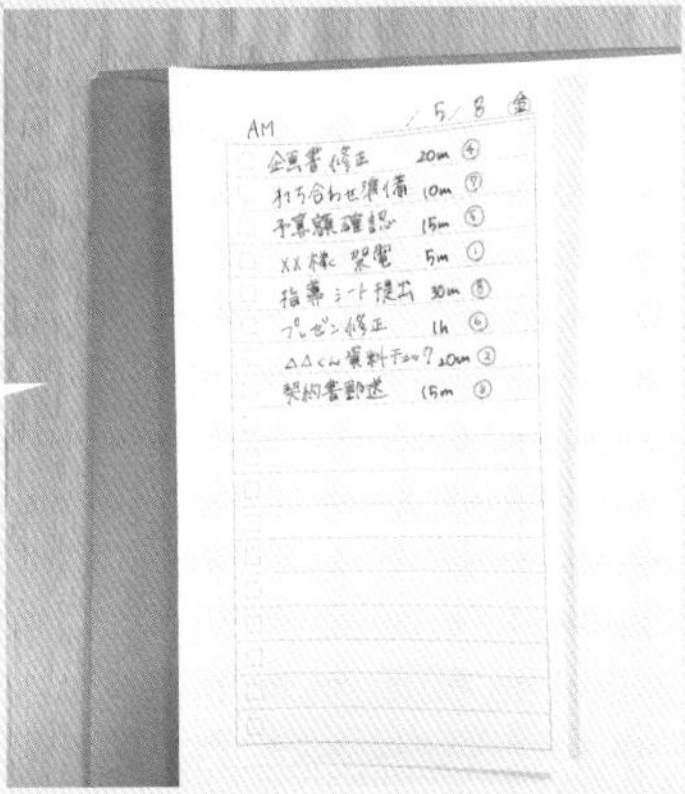

カインズの付箋はたっぷり記載欄があるので、大きめのノートにぴったり。
糊部分にほこりが着かないようにカバー付きなので携帯にも便利です。

43

突然のお誘いでもＯＫ、お仕事女子の強い味方

仕事終わりにに「ちょっと一杯いこうよ」なんてお誘いも、私は焦らず対応できます。

オフィスにこっそり忍ばせているお助けアイテムで、いつでも準備万端です。

クレンジング綿棒

化粧がよれた部分だけ、さっとお直しできるクレンジング綿棒は必須。ポーチでもかさばらない、コンパクトなのがお仕事女子に嬉しいポイント。結婚式の二次会や飲み会にも持ち歩いています。

ドライシャンプー

夕方、髪がべたついて束になることも。スプレータイプのドライシャンプーを

少しだけ持ち歩いています。
粉末タイプもあるので小さなケースに入れるのもおすすめ。
さっと前髪や頭皮に揉みこめば朝の髪に戻るんです。

ヘアスプレー

仕事終わりに香りを仕込むのに、ヘアスプレーがおすすめ。香水ほど強い香りではなく、近づいたときにふわっと香ります。爽やかな香りを選ぶのがポイントです。

#クレンジング綿棒

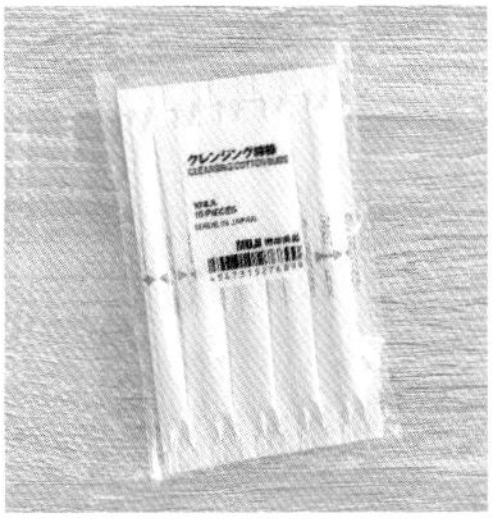

#ドライシャンプー

#ヘアスプレー

44

身の回りを整える便利なアイテム

職場ではデスク周りをすっきり整理整頓しておきたいもの。かばんの中も、意外と見られているかもしれません。これらは忙しい毎日の中で、身の回りを整理整頓することができる必須アイテムです。

バッグインバッグ

ニトリのバッグインバッグは、たくさんポケットがついている優れもの。持ち歩くバッグを変えるときにそのまま入れ替えられる便利グッズ。取っ手付きのものを選べばミニバッグとしても使えますよ。

ハンギングホルダー

会社の引き出しでも活躍するのがポリプロピレンボックス×ハンギングホルダー。

家でも、紙の契約書や取扱説明書を保存しておくのにとってもおすすめです。仕切って収納することで、見た目にも分かりやすくて探す手間も省くことができます。

トラベルケース

こまごまとした文房具を整理するのに使えるのがトラベルケース。

電池がジャストフィットします。

透明なので、さっと取り出しやすいんです。カテゴリごとに分けておくのがおすすめ。

デスク周りを整える

#トラベルケース

こまごましたもした文房具を
整理できる!

#バッグインバッグ

取っ手付きのものを選べば
ミニバッグに早変わり

オフィスで慌てないように、また物を探さなくてすむように、そして忘れ物がなくなるように便利なアイテムを用意しておきましょう。

#ハンギングホルダー

契約書や取扱説明書を
保存しておくのにおすすめ

45

忙しくても毎日を楽に暮らす工夫

くたくたで帰ってきてから掃除、洗濯、ごはん……一人暮らしは本当に大変。仕事で忙しい時間を過ごすからこそ、暮らしでは楽してもいいいんです。

掃除はお掃除ロボットにおまかせ

私が働いている時間に、お掃除ロボットが掃除をしてくれています。

これを購入してから、「帰ってくるたび綺麗なお部屋」になり、生活に彩りがでました。

ときどきコードに絡まって動かなくなっていますが、その姿もかわいい……。

着る服のパターンを決める

迷う時間があると、家でもとっても疲れてしまいます。

雨の日は色の濃いパンツ、飲み会の日はロングスカートなど、基本のテンプレートを決めておくと迷う時間も少なくなっておすすめです。

持ち物を把握する

この間同じものを買ったばかりだったのを忘れていた……ということがないよう持ち物の数は、把握しておきます。無駄な出費を減らすことは基本です。

モノの定位置を決める

朝家を出る前に探し物をして時間をとられてしまうことってありますよね。よく使うものこそ定位置を決めて、探すことのないように。失くしがちなリップも、リップ入れを作っておくと買い足すことがありません。

帰宅時間で品数を相談

定時に仕事が終われば、2品作る。残業後は冷凍食品で。ある程度決めておくと、気負わずに生活できます。キッチンに立つだけ、作るだけでえらいんです。

46

一生懸命に働いている自分へのとびきりのご褒美

ボーナスが入ると、ご褒美を買いたくなるものです。

一生懸命働いた自分へのご褒美として、これまで購入してよかったものを紹介します。

お取り寄せグルメ

数千円で購入できるお取り寄せグルメの品はお気に入りです。

緑茶や紅茶は一人暮らしでも賞味期限に追われることなく楽しめるので、何度もリピートしています。

暮らしの質を上げる電化製品

我が家のプロジェクターはボーナスで購入しました。

大画面で映画やドラマを見られるので、帰宅後のリフレッシュに。

少し高い家電は、目星をつけておいてボーナスで購入するようにしています。

高い値段のお財布

マルニの財布はどうしても欲しかったもの。

財布やかばんは普段使いできるのでご褒美にぴったりです。

選ぶときは、飽きのこないデザインのものや、今まで持っていなかった色のものを基準に選ぶようにしています。

小さなご褒美　ほっと一息、オフィス用おやつ5選

引き出しの中や冷蔵庫の中に忍ばせているオフィス用のおやつ。
午後3時のチョコレートは最高です（笑）。

手につかないチョコレート　「クランキーポップジョイ」「ガーナポップジョイ」

いちいち手を拭く必要がないのが嬉しいポイント。
小さめな袋なので、食べきっても罪悪感が少ない……（笑）。

あったかスープ　「クノール® カップスープ」

マグカップとお湯さえあれば作れるスープ。
残業中のお供にどうですか？

優秀な個包装のおせんべい　「瀬戸の汐揚　贅沢のり塩味」

一口サイズのおせんべいは、ポロポロとこぼれる心配もなくて、とっても便利。そして周りにも遠慮なく配れちゃいます。

冷えたゼリーがおすすめ　「蒟蒻畑」

時間がなくてお昼ご飯を食べ損ねたときや、暑い夏の日には冷蔵庫に小さなゼリーを忍ばせておくのがおすすめです。

身体に優しいおやつ

食物繊維たっぷりの穀物系のおやつは働く身体に染み渡ります。
「素材の味を楽しめる」大人な触感がついついクセに……。

ほっと一息

たくさんあるお菓子の中から
オフィスでたべる
“おすすめ”を紹介します。

#「クランキーポップジョイ」
#「ガーナポップジョイ」

#「クノール® カップスープ」

#「蒟蒻畑」

#身体に優しいおやつ

#「瀬戸の汐揚　贅沢のり塩味」

47

身軽に働くための デスク整理整頓術

デスクの汚さは、心の余裕のなさを表すような気がしています。

新入社員の頃は打ち合わせから自席に戻ってくると、うんざりしてしまうことがありました。

いつもきれいなデスクで、身軽に働くための整理整頓術をご紹介します。

オフィスではマグネットが大活躍

オフィスのデスクや引き出しはマグネットが活用できることが多いです。

鞄は床に置いておくのではなく、マグネットフックにかけて通路の邪魔にならないようにしておくことがおすすめ。

一目で分かる資料の分け方

締め切り日や、プロジェクトごとにカラーファイルで色分けをしておくと探す時間が短縮されます。

透明なクリアファイルを変えるだけで、業務が効率的に。

外出の際にもお客様ごとにファイルを色分けしておけば鞄もすっきりします。

使う頻度の高いものから手元の近くへ

ホチキスやボールペン、付箋などの使用頻度の高いものはひとまとめにして机上に出しておきます。

それぞれを引き出しから出してしまって……だと何度も動作が発生して手間になります。

〝よく使うものボックス〟を一つ作っておくと探す手間もなくなります。

書類は可能な限りデータ化を

書類は紛失してしまう可能性もありますし、なにより嵩《かさ》張ります。

スキャンしてデータ化しておくと格納した日で検索もできておすすめ。

データ化しておく癖をつけると、急なリモート打ち合わせでもすぐに共有ができるので時間短縮にもつながります。

#マグネット

オフィスでは通路でよく足に荷物がひっかかってしまって立ち往生してしまいます……。そんな時にこのようにマグネットを使うと整然とし、スムーズに移動できるのでおすすめです。

#カラーファイル

プロジェクトや緊急度ごとにカラーファイルを分けておくと便利♪

48

泣きたい日の、小さなマイルール

仕事をしていると、嬉しいこともたくさんありますが、もちろん泣きたい日もあります。大人の私達にとって思いっきり凹んだ日、自分をケアできるのは自分なんですよね。

翌日からすっきり元気に働くための、私の小さなマイルールです。

どんなに理不尽なことでも、相手の立場に立つ

「そんなつもりはなかったのに……」と理不尽に怒られることもあります。

自分の思いが強ければ強いほど言い返せない状況に悔しく、そして悲しくなることも。

ただ、一旦待って。そう思わせてしまう原因が、ほんの少しでも自分にあったかもしれません。もしかしたら、泣きたいのは相手の方かも……。

相手の気持ちを考えて、「ここは素直に折れて謝る」ことがその場を収めるベストな選択であることも。「私って大人だわ」と、時には過剰に心の中で自分を褒めてあげましょう。

悔しさは、仕事で倍返しする

年次が上がるにつれて、調整事も多く各所から意見をいただくこともあります。うまくできなくて悔しい、という感情は「次回の会議では有無を言わせない完璧な資料を作ってやるんだ」という気持ちの原動力に。

「意外とやるじゃん」と思わせるよう、仕事で倍返しすると自分も成長できます。

帰り道に、負の感情を置いてくる

私は、時たま泣きながら帰る日もあります。でも次の日まで持ち越したくない。切り替える場所として帰り道がピッタリ。

一度とことんずーんと落ち込んで、帰り道にご褒美スイーツを買って帰るのがマイルール。明日の朝、「すみませんでした！」と謝って正せばいい。

だから、夜は好きな映画を観て明日からまた元気に働こう！

49 ちょっぴりしたたかな、言い回し

お願いをするとき、何かを聞きたいときにちょっとしたたかな言い回しを覚えておくと便利です。

多用するのは良くありませんが、時たま使うことで、業務が円滑に進むことも。

「回答になっていますでしょうか」

相手の質問の意図がくみ取りにくく、回答の仕方が難しい場合には回答とともにこの一言を付け加えることがあります。

「回答はいたしましたが、求められている回答か分かりません。いかがでしょうか」という意図を表すことができます。

「勉強不足で申し訳ありませんが」

自身の能力が低いため、（基本的なことではありますが）教えてください、というときに活用できます。

「素人質問で恐縮ですが……」という言い回しも同様です。

「略儀ながら……」

本来であれば先方へお伺いして御礼を申し上げなければならないところ、メールで御礼を伝えるとき。

「略儀ながらメールにて御礼申し上げます。」と活用することができます。

結びの言葉としてメールや書面の文末に一言添えて使いましょう。

50

9時から17時、お仕事ディスタンスのすすめ

仕事でイライラしてしまうことや、人間関係に少し悩みを持つことってありませんか？

私は周囲から「割り切っている」とよく言われることがあります（いいのか悪いのか……）。

ビジネスならではの「人とのお仕事距離」が、どんな職場にも大切なマインドコントロール術だと思うんです。

仕事は仕事で取り返す

調整事の多いビジネスの場では、どんな人にも好かれるのは至難の業です。

このプロジェクトでは、「あの人に無理なお願いをしてしまったな……」と思ったときは、後日他の仕事で必ずフォローに回ります。

どんな場面でも、無理に全員にいい顔をしようとすると自分が苦しくなります。「いつだって挽回できるから、次は絶対に取り返す」のマインドを。

「負けるが勝ち」がひとつのスローガン

社会人になって「口喧嘩に折れた方が勝ち」ということを学びました。必要なことはもちろん伝えなければいけませんが、これ以上言っても誰も得をしないと思った時には、絶対に張り合わないことにしています。「言い負かした方が勝ち」ではないんです。

全員と同じ距離以上を保つこと

ビジネスの場では、誰かと特別仲良くしすぎたり、わざと距離を置いたりしないようにすることが大切です。

好き嫌いを仕事に持ち込んでしまうと、こちらも仕事をしにくくなります。仕事の人は仕事の人。仲良くなりたい人とはプライベートでも仲良くする。苦手な人について、あえてプライベートの時間で悩む必要はないのです。

所詮、仕事と思えるかどうか

仕事でどうしようもなく悩むことも、時には辞めたいと思うこともあります。

私は仕事をしたくて働いているのと同じくらい生活のために仕事をしているのです。

「生活のために働いているんだ！」「所詮、仕事だ！」という考えを持っておくことで、自分の心の支えになる時があります。

column 04

いままでフォロワーさんから＼＼いただいた相談５選／／

Q かばんの裏地が派手な色なのですが、ビジネスでは避けた方がいいですか？

A あまりにもビビッドなカラーなら避けた方が無難。基準は「自分に後輩ができた時に『それは良くないよ』と注意しない程度のもの」と主観的な基準と客観的な視点を持つように。

Q 会社に置いておくと便利なものはありますか？

A ぺたんこパンプスと、置き傘(折り畳み)をおすすめします。あと私はコンタクトレンズも。家で起きている時と同じくらいの時間を過ごす会社では常備しておいた方がいいものを引き出しの一角にしまっています。

Q 退職される方へのプレゼントはどんなものがいいですか？

A その人と過ごして思った「贈りたいもの」を。例えばお弁当を作っている方なら、その関係のもの。いつも一緒に過ごした間柄だからこそ贈りたいものを選ぶようにしています。

Q 仕事が多すぎますが、上司に相談できません。

A 客観的に考えて、業務負荷が過多の場合はその現状をお伝えしましょう。仕事の依頼に関しては、「○日の午後までであれば可能です」「○○の関係で、××の部分だけは事前にお願いしたいです」と全部自分で背負い込まない工夫も必要。

Q 休日と平日、服は分けていますか？

A 私は平日はキレイめ、休日はカジュアルに、と分けています。ただ、服をたくさん持ちたくないので、休日は仕事用ブラウスとジーンズを合わせるなど１アイテムだけを流用することが多いです。

仕事はなるべく楽しんで。
そして休日はもっと楽しんで。
リフレッシュを大切に。

おわりに

新入社員の頃、上司へ資料を渡したときのエピソードを覚えています。

本来は手渡しで渡すのが最適と分かっていたものの、上司は不在、そして私は外出が続くことがわかっていたのでクリアファイルに入れて机に置いておいたんです。

「昨日ご依頼いただいた資料です。念のため、他社の競合商品のカタログ2点を添付します。本日（8月3日）は不在のため携帯へご連絡ください。明日は午後であればお話しする時間がありますので直接お声がけください」

「手渡しで渡せていたら、きっとこんな風に言葉で伝えていただろうな」ということをすべて付箋に書いておきました。

後日、私のいないところでこの小さな気遣いについて褒めていただいたと知り、**〝少しの工夫で自分も相手も、うんと働きやすくなる〟**ことを学んだ出来事でした。

働いていると面倒くさいことも、端折りたいこともたくさんあります。

失敗を繰り返して、自分なりの気遣いを色々と試してみた1年目。

自分が楽をしてしまうと、相手が苦労することを学んだ2年目。

私の体験や仕事術が、働く方の役に立つ情報だと知った3年目。

そして、4～5年目は私の仕事術を、皆さんにもすぐに試せる形で本に記せた年です。

営業職の私は、ありがたいことに社内での仕事で学ぶことと、社外の対応で学ぶことの両方の視点で勉強することができます。

一見真逆のことのように思えますが、社外で学んだことは社内で活かせますし、その逆も然り。

そして、この２つのカテゴリしかなかった私に、Instagramによる学びが加わりました。

〝学んだことを、顔の見えない相手に伝える〟という学び、〝齟齬のないように、情報を正しく共有する〟という学びがさらに私を成長させています。

〝丁寧にテキスト通り挨拶をし、綺麗な日本語を使って必要なことをする〟

そんな風に淡々と仕事をするだけでは、ワクワクしませんし、楽しくありません。

月曜日、ほんの少し会社に行きたくなる。

そんな仕事の仕方を、これからも心がけて共有していきたいです。

２０２１年３月　ａｙａ

明日からもお仕事
頑張ろう。

aya アヤ

インフラ系企業で営業職を務める現役OL。一人暮らし10年目、社会人5年目。自身の経験をもとにしたお仕事術や印象アップの秘訣、日々の過ごし方などを投稿しているInstagramは多くの働く女性たちから反響を呼び、開始からおよそ1年4か月でフォロワー総数25万人を突破（2021年4月時点）。また、女性誌のWEB版にも出演するなどメディアでも活躍しており、OLの視点から通勤服やご褒美アクセサリーのプロデュースも手がける。

このほか、インテリアや暮らしの情報を発信するInstagramアカウント（フォロワー数約9万人）や、営業系OLのちょっと差がつく通勤コーデを発信するアカウント（約2.3万人）も運営しており、3アカウントで累計30万人以上にフォローされている。

Instagram

・仕事術 アカウント
@a____home_ https://www.instagram.com/a____home_/
・インテリア&暮らし アカウント
@a_____home_ https://www.instagram.com/a_____home_/
・ちょっと差がつく通勤コーデ アカウント
@a____wear_ https://www.instagram.com/a____wear_/

「一緒に働きたい」と言われる人の仕事術

2021年４月25日　初版第１刷発行
2021年６月１日　初版第３刷発行

著者　aya

カバー　小口翔平＋加瀬梓（tobufune）
本文デザイン＆DTP　有限会社中央制作社

発行者　石井　悟
発行所　株式会社自由国民社
〒171-0033　東京都豊島区高田3丁目10番11号
電話　03-6233-0781（代表）
https://www.jiyu.co.jp/

印刷所　奥村印刷株式会社
製本所　新風製本株式会社
編集協力＆企画　伊藤千絵美
編集統括　三田智朗

　ISBN　978-4-426-12706-0